ひきこもり者支援の考え方・進め方

臨床心理士
田中和代 著

黎明書房

はじめに

私は今まで30年以上、教員やカウンセラーとして不登校生徒やひきこもりの方にかかわってきました。その中で、たくさんのひきこもりの方々の姿を見てきました。人間はさまざまな悩み（苦しみ）があります。身近な人の死、重篤な障害や病気、貧困、恋人ができない、思ったところに進学できない、就職できない、身内がいない、など人の数だけ苦しみの原因があります。その苦しみの中でも、ひきこもりはかなり深刻な苦しみであると思えてなりません。

そのひきこもりの方々にある苦しみは「孤立」だと感じています。客観的に見れば、世話をしてくれる家族もいて、家には財産もあり暮らしに困らない人でも、心の中は孤立しています。

ひきこもった理由は、能力が低いからとかではないのです。世の中には知的に高くない方もいますが、そういう方々がひきこもるというわけではないのです。「ええ！　こんなに頭の良い方がひきこもっている」「こんなに端正な姿の方がひきこもっている！」と思えるような事態もたくさん見てきました。

ひきこもる方々は、世の中に出ていく自信をなくした、人の中に出ていくのが苦しいというような方々なのです。原因はさまざまありますが、「ひきこもっている状態」を引き起こしているのは「自信喪失」なのです。

その上、家の中にひきこもりの方がいても、福祉や医療に助けを求めない家族がいます。家族としては隠そうという気持ちではないのでしょうが、言いにくいのも理解できます。また、「ひきこもり」というものは、「家族の経済的援助」があるから継続できるのです。皮肉なことですが、家族からの経済的な支援がストップすれば、しばらくしてひきこもりが破綻してひきこもりではなくなるのです。

こうして、ひきこもる間に、時間が経過してしまい、何十年も経ってしまうのが現状です。そして、親自身が高齢者となって初めて、「親が死んだら、この子はどうなってしまうのか」と危機感をもつというのが現状です。

今まで、ひきこもりの問題は後回しにされてきました。しかし、全国で146万人いると言われています。このままにはしておけない社会問題となっています。それで国も本腰を入れて制度を作っています。

同時にひきこもり支援は、即解決とはならない困難な問題です。

私は、多くの家族や支援者に「一緒にひきこもり支援をしましょう」と訴えたいのです。この本は、私の拙い経験を述べたものです。参考にしていただけたらうれしいです。また本文の中の事例は、特定な事例ではなく、問題の本質を伝えられるように事例を一部変えて作ったものです。

この本を出版するにあたり、締め切りに間に合わなかった私を辛抱強く支えてくださった黎明書房の武馬久仁裕社長、都築康予さん、素敵なイラストを描いてくださったさややん。さんに感謝します。

田中和代

2025年1月

目次

第4章 ひきこもりの相談支援をする

第6章　ひきこもりの支援の終了　81

第9章 不登校生徒をひきこもりにしないために
―長期の不登校生徒を再登校へ・ある中学校の試み― 122

第1章　ひきこもり者とは

この本はひきこもりの方々の支援のためのものであり、家族のためのものです。（以下、ひきこもりをしている人たちのことを『ひきこもり者』とし、その中には「不登校生徒」も含めるものとする）では、その対象者「ひきこもり者」は、どんな人のことでしょうか。

★ひきこもりとは何か

ひきこもりとは、特定の病気や障害ではなく、ひきこもっている状態を指す言葉です。厚生労働省(1)によると、「様々な要因の結果として社会的参加（義務教育を含む就学、非常勤職を含む就労、家庭外での交遊など）を回避し、原則的には6ヵ月以上にわたって概ね家庭にとどまり続けている状態を指す現象概念（他者と交わらない形での外出をしていてもよい）」としています。

一方、今までひきこもり者のために一貫して活動を続けてきたひきこもり者の家族会のＫＨＪ（ＮＰＯ法人全国ひきこもり家族会連合会）(2)では、ひきこもりの定義について次のように述べています。

「ひきこもりとは広い概念を指しているが、ここでは支援が望ましいひきこもりの状態像（以下、ひきこもり）について定義する。ひきこもりとは、概ね自宅などにとどまり社会的に孤立していることによって、本人への支援が必要と判断される程度に生活上の困難を有している状態を指す。」

ＫＨＪのほうの定義では「本人への支援が必要と判断される程度に生活上の困難を有している状態」ということが加えられていて、支援の必要があると判断する場合にのみ支援をすることも書かれています。

「ひきこもりの評価・支援に関するガイドライン」(3)によると、支援者が心得ておかねばならない重要な留意事項は「ひきこもり状態に在る子どもや青年がすべて社会的支援や治療を必要としているわけではない」ということです。

これは筆者も大切なことであると考えています。慢性疾患療養中だけでなく、本人や家族が納得しており経済的に困窮しない見通しがある場合など、ひきこもっていることが本人にとって一番納得できる楽で安心できる生き方である場合などは、支援が必要ではない

「ひきこもりは病名ではない。自己責任，家族責任でもありません。社会全体の問題であり，地域課題でもある」
ひきこもる本人にとって，ひきこもり状態とは，「生きていくために，それを選択せざるをえなかった状態」と捉えています。そうしなければ生きられなかった，生存するためのひきこもりです。
その選択を「間違っているから」と否定してしまうことは，生きようとしてきた本人自身を否定することにもつながります。
「悪いものを直す」姿勢は，目の前の本人の現状否定につながります。ひきこもる原因，きっかけは多様ですが，問題の本質は孤立です。（KHJ ホームページより）

と考えることも重要です。

しかし注意しなくてはならないことは「支援は必要ない」とする場合は、慎重に判断せねばならないということです。よく調査をして、本当にこの人にとってひきこもりが最善かを判断する必要があります。

またＫＨＪのホームページではひきこもりのとらえ方について上のように書かれています。この内容は支援者や家族が心しておかねばならないことでしょう。

つまり「ひきこもり」はその人や家族の責任ではない、社会全体の問題である、ということです。よくひきこもり者の親から「私の育て方が悪かったから、ひきこもりになったのでしょうか」と相談をされます。親は周りから責められていると感じているのでしょう。前述のＫＨＪのホームページの記述にもありましたが、ひきこもりの問題の本質は「孤立」なのです。上から目線で見るのではなく、ひきこもり者の立場に立つことが支援者にとって大切な視点です。

★ひきこもり者の数

ひきこもり者は日本全国にどれくらいいるのでしょうか。本当に正確な調査はできませんので、内閣府の「こども・若者の意識と生活に関する調査（令和4年度）」(4)を参考に数の推計を試みます。この調査結果から、日本全体の生産年齢人口(5)において推計146万人がひきこもり者とされています。比率にして約2％、つまり50人に1人がひきこもり状態であることがわかったということです。この割合から、日本の各地のひきこもり者の数を計算すると上のようになります。

表1　都道府県のひきこもり人数推計(6)

	ひきこもり人数	15 ～ 64 歳人口
北海道	58,914 人	2,945,727 人
東京都	178,883 人	8,944,193 人
福井県	8,559 人	427,984 人
大阪府	103,990 人	5,199,504 人
沖縄県	17,423 人	871,154 人

表1に見るように、統計上の推計のひきこもり者の数のなんと多いことでしょう。驚きの数字です。筆者がひきこもり訪問支援をしている福井県坂井市では全人口が8万8481

人で15～64歳の人口が5万6701人なので推計約1100人の方がひきこもっているということになります。この数を見ると、ひきこもり者の人数があまりにも多すぎるというのが実感です。また、この生産年齢人口の数以外にも、15歳未満の不登校児童生徒や65歳以上のひきこもり者がいることを考えると、数字に出てこない「ひきこもり者」が果たしてどれだけいるのかと恐ろしく、これはなんとかせねばならない社会問題であることがわかります。

★ひきこもり者をとりまく環境・状態像

[調査結果]

ひきこもり者の生活はどのようなものなのでしょうか。そのひきこもり者像をKHJの調査から推測してみます。

KHJの調査(7)は、300数十名の対象者から面談やオンラインなどで聞き取りをしています。その調査結果を次にあげてみます。

ひきこもり者本人の平均年齢は2002年に26・6歳、2002年以降右肩上がりに上昇し、2023年では39・0歳となっています。

また、家族の平均年齢を見ると、2024年は65・3歳（2006年は60・11歳）

です。家族の最高齢者は88歳でした。

平均のひきこもり期間は9・6年です。対象者の性別は男性76・6%、女性21・9%と圧倒的に男性が多くなっています。初発年齢の平均は19・4歳。ひきこもり期間は平均9・6年ですが、最高は36年もの間ひきこもっています。

本人の外出頻度は平均月8・7日ですが、0日の方が53名でした。

本人が支援・医療機関の必要性を感じているかどうかでは、「必要性を感じている」のは67・2%、「必要性を感じていない」のは5%ですが、「わからない」と答えた方が26・3%もいます。

支援・医療機関の利用状況を見ると、「利用している」が30・5%、「継続的に利用していない」が28・7%、「利用したことがない」のは34・3%とあり、未受診者も全体の3分の1とかなり多いことがわかります。

本人に就労意欲があるかどうかを見ると「働きたいと思うか」の問いに「思う」が23・1%、「思わない」が15・1%、「わからない」が57・7%となっており、経験が少ないためか、不安が多いためかわかりませんが「わからない」方が多いようです。

「オンライン就労で働きたい」かどうかの質問の結果は、「働きたい」9・5%、「働きたくない」14・5%、「わからない」が72・2%と最大で、オンライン就労がどんなものかなどの情報がうまく届いていないこともうかがわれます。

家庭内での仕事・家事・作業についての調査の結果の（　）内の数字は「行っている」と答えた方の人数です（複数回答）。

【食事関連】　料理炊事（49人）、食事の準備（7人）、ご飯を炊く（5人）、自分の食事づくり（4人）

【食器洗い・片付け】　片づけ・食器洗い（32人）、自分の食器洗い（13人）、食後の片づけ（7人）、食器の片づけ（3人）、自分の食器片づけ（2人）

【掃除関連】　掃除（26人）、掃除機（10人）、自室の掃除（5人）、トイレ掃除（4人）、自室の片づけ（2人）

【洗濯】　洗濯（23人）、洗濯物取り込み（17人）、洗濯物畳み（10人）、本人の洗濯（8人）、洗濯物干し（5人）

【風呂掃除・準備】　風呂掃除（52人）、風呂の準備（5人）

以上が代表的な家事手伝いの調査結果です。

［調査から見えるひきこもり者像］

対象者が300数十名と少ないのですが、ここから描けるひきこもり者像は次の通りです。

年齢は30～40代で性別は男性が多いです。ひきこもって10年程度経過している方が多く、中には36年という長い期間ひきこもりを継続している方もいます。ひきこもり者の家族は年齢的に見て定年退職している方も多く、中には88歳の方もおり、確実に高齢化が進んでいるということです。

家事等について見ると、ひきこもり者は家事を担当している方が少ないだけでなく、自分の食事の支度や洗濯などもやっていない方が多いようです。つまり、ひきこもり者の世話の多くは家族が担っていることから、ひきこもり者は、一日のほとんどの時間を自分の好きなことに費やしていると言えます。

福祉サービスを受けている方は30％程度で、継続的に支援を受けていない方も30％近くいます。支援の未経験者も30％強といったところで、公的支援には積極的ではない方が多いようです。

働くことに関しては、働いた経験がなかったり、就労への情報や制度等の説明を受けるなどの機会が少なかったりして、消極的にも見えます。しかし、就労を拒否というより、たとえば「オンライン就労」などの具体的内容がよくわかっていないのではないかと推察され、情報提供の支援の不足がうかがわれます。

★家族の高齢化問題

いま社会問題になっているのは、ひきこもり者の世話をしている家族の高齢化です。２０１０年代以降から社会問題になっている「８０５０問題《はちまるごーまる》」または「７０４０問題《ななまるよんまる》」です。つまり70代、80代の親が、40代、50代の収入のない子どもを支えているのです。

池上(8)によると「『８０５０問題』とは、８０代の親が収入のない５０代の子どもの生活を支え、行き詰まってしまっている世帯のことを指す。その背景には、長期高齢化しているひきこもり状態にある人たちとその家族の孤立がある。行政の支援が届かないまま、親が先に死んでしまい、そのまま子どもも死んでしまう事件や、親が先に死んでしまい、その現実を受け入れられない、あるいは、どうすることもできない子が親の死体を放置して逮捕されてしまう事件などが全国であいついでいる」と説明しているように、珍しい問題ではなく、これもまた社会問題となっています。

さきほどのひきこもり者への調査の中で家事等の活動

表２　ひきこもりの状態での段階

段階	狭義のひきこもり			準ひきこもり
	広義のひきこもり			
外出の状態	自室からほとんど出ない	自室からは出るが，家からは出ない	近所のコンビニなどには出かける	趣味の用事の時だけ外出する

の結果を見ると、大半のひきこもり者は家事等をしていません。自分が食べるご飯を作るのも、皿洗いをするのも、洗濯をするのも、掃除をするのもほぼ家族（主に親）なのです。親が50代、60代のうちはそれでもなんとかなります。しかし親が70代、80代になってくると、収入はほぼ親の年金だけで賄うことになり、食事や洗濯などは老父母が世話をすることになります。父母と同年代の人は介護認定を受けて、デイサービスに行ったり施設入所をしたりしてお世話を受ける立場にいるわけですから、親は「もう自分の世話だけで精一杯」となっていてもおかしくありません。それでもひきこもりのわが子は部屋に閉じこもっているし、家事等まったくしないから、仕方なく世話をしているというのが、調査から見える現在のひきこもりの介助者の状態です。

★ひきこもりのレベル

内閣府や厚生労働省の調査等(9)では、調査対象者の「ひきこもり」の段階を、本人の活動状態で分けています（表2）。この分類は、今この人はどんな状態にあるのか等を考える時に便利な指標であると言えます。

つまり、自室にひきこもる人から、趣味の用事の時だけ外出する人までを「広い意味のひきこもり」として、その中の活動性の低いひきこもり者を「狭い意味のひきこもり」とし、趣味など用事の時だけ出かける人を「準ひきこもり」としています。この考え方は分類や進度をはかるのに簡易な方法であると評価します。

★ひきこもりをシステムで考える

ひきこもりとは何かを斎藤環氏[10]はシステム図で示していますので引用します。

個人・家族・社会の三つのシステム

さて、私が考える「健常なシステム」と「ひきこもりシステム」を図1に示します。「健常なシステム」においては、三つのシステムは接点を持って働いています。ここで接点というのは、ほぼ「コミュニケーション」と同じ意味です。個人は家族と日常の中でコミュニケートし、互いに影響を与え合いながら生活を続けていきます。また個人は学校や会社などの場において社会とコミュニケートし、影響を受けます。さらに家族もまた、それぞれの生活や地域のさまざまな活動などにおいて社会とのコミュニケーションの回路を

図１　ひきこもりシステム模式図

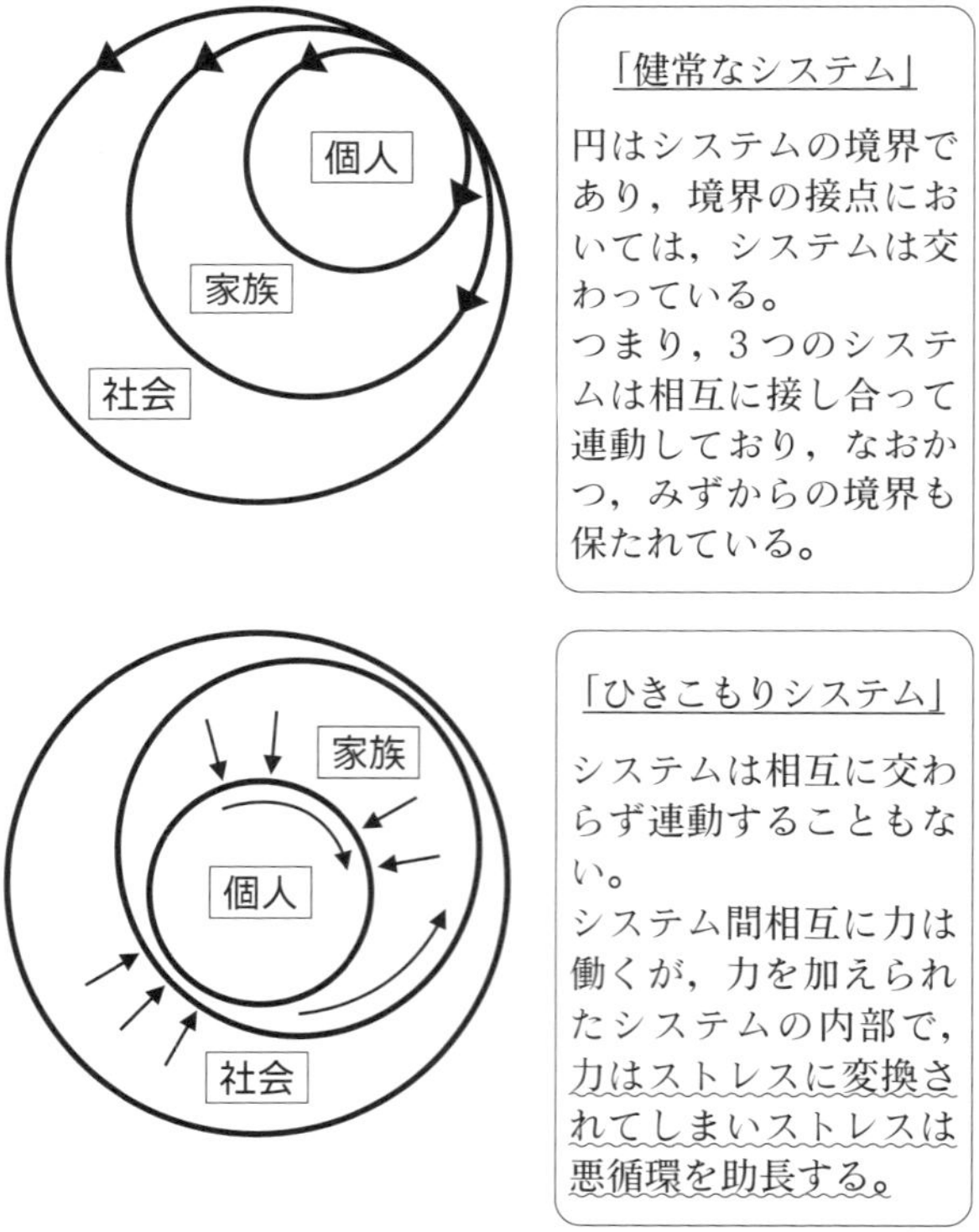
個人
家族
社会
「健常なシステム」
円はシステムの境界であり，境界の接点においては，システムは交わっている。
つまり，３つのシステムは相互に接し合って連動しており，なおかつ，みずからの境界も保たれている。
家族
個人
社会
「ひきこもりシステム」
システムは相互に交わらず連動することもない。
システム間相互に力は働くが，力を加えられたシステムの内部で，力はストレスに変換されてしまいストレスは悪循環を助長する。

持ち、相互に影響し合います。もちろんこれは理想化したモデルですから、現実にはそれほどコミュニケーションがうまくいかない場合もあるでしょう。しかしほとんどの場合、ここに示したような「接点」、つまりコミュニケーションの窓口がすっかり失われることはありません。

しかし「ひきこもりシステム」においては、このような接点が互いに乖離してしまい、機能しなくなってしまうのです。

――そんなはずはない、現に本人は家族とよく喋るし、家族は仕事や学校などで社会との接点は十分に持っている、欠けているのはあくまでも、本人と社会の接点だけではないのか。そのような意見もあるでしょう。しかし、そこで「接点」といわれる場において、本当にコミュニケーションができているかどうか。とりわけ、本人と家族のコミュニケーションは、それが十分に成立すること自体、本当に難しいのです。

そもそもコミュニケーションが成立しているといいうるためには、それが一方的なものであってはいけません。そこには「相互性」が不可欠です。本人が家族からの言葉には耳を貸さず、自分の悩みばかりを延々と訴え続けるような状態では、そこに十分なコミュニケーションがあるとは、とてもいえません。この点が意外に見落とされやすいのです。「単なる会話」と「コミュニケーション」は、ここでは別物と考えてください。

（斎藤環『改訂版　社会的ひきこもり』ＰＨＰ新書、２０２０年、117～120頁）


筆者は斎藤氏のこのシステム図は、ひきこもりとそれぞれの関係が理解しやすいので、関係を考える時に用いており、紹介しました。

★教育期間が終わると、ひきこもり者の支援をする担当者はいなくなる

筆者は今まで教員として小学校から大学までの児童生徒や学生と接してきました。またスクールカウンセラーや相談員として、支援活動を行ってきました。

学校では、不登校の生徒がいると、担任やカウンセラーは、生徒や保護者に対して話を聞いたり家庭訪問をしたりして、なんとか再登校に結び付けようと努力をします。しかし、卒業を迎えると、個人的には不登校生徒に心を残しながらも、もう支援はできません。次の年度に迎える生徒がいるからです。学校的には、卒業していった生徒はもう「済み」の問題となるのです。

小学校から中学校なら、中学校の先生が再登校を目指して支援を続けます。中学校でも不登校になり高校に入学できなかった場合、中学校を卒業後、誰が支援を引き受けるのでしょうか。誰もいません。

このようにして、不登校生徒の何割かはひきこもりとなり、支援の担当者が不在の状態になります。このような状態になった子どもや青年たちを支援する人が誰もいないのですから、本人や家族が動き出さない限り、ひきこもり者の存在はわからないのです。

義務教育の流れの中で、教育期間を終えると後は放置状態となります。筆者は、誰から

も心配されないひきこもり者がいること自体が社会問題だと思います。「あとは自己責任で」ということなのでしょうか。なぜ、その後を担当する係がいないのでしょうか。法の整備が望まれます。

★なぜひきこもり支援者は必要か

このような教育システムの結果、ひきこもり者の数は増加の一途をたどっています。義務教育を終えても、自分から行政などに助けを求めなくても一貫して心配する担当者を設置する制度は必要だと考えます。

筆者はなぜひきこもり者への支援を続けているかというと、次のように考えているからです。「ひきこもり者は、もしひきこもらずにいたらできた生活を経験せずに家の中でひっそりと過ごすことしかできない。これはその方の一生にとって、大きな損失である。だから、その方が自分らしく生きる人生を取り戻すことは必要なことである」と考えます。「誰だって自分らしく生きる権利がある」そんな気持ちで、ひきこもり者の訪問支援をしているのです。

中には「自分は社会に出るのはつらい。このまま放っておいてくれ」と主張するひきこもり者もいます。確かに、それまでのつらい状態のまま、社会に復帰するのは厳しいことだと推測できます。でもすぐに社会に復帰するのではありません。まずはゆっくりと社会と接して、ひきこもりと世間の中間的な楽しい経験をしてもらい、社会への興味をもってもらうことです。次は、福祉的な就労を体験したりして復帰を目指してもらうことです。決して就労を最終目標にしているのではありません。ただ、自分らしく生きられることを目指してほしいのです。そのようななだらかな回復を見据えた回復をと考えています。

第2章　ひきこもりの原因としての暇な時間とストレス

★不登校やひきこもりの原因は「ストレス」？

不登校やひきこもりの原因はストレスも大きいでしょう。ストレスとは何でしょうか。ストレスという言葉はもともと、「外部からかけられた圧力によって生じる物質のひずみ」のことです。図2のように、ゴムボールを手で押し付ける（この圧力がストレッサー）とへこみます。手を離すとボールは元に戻ります。圧力がかかった時のゆがみが「ストレス反応」です。私たちが日常的に使っている「親が口うるさいことがストレス」などと使う「ストレス」という言葉は、正確には「ストレッサー」のことですが、ここでは「ストレス」

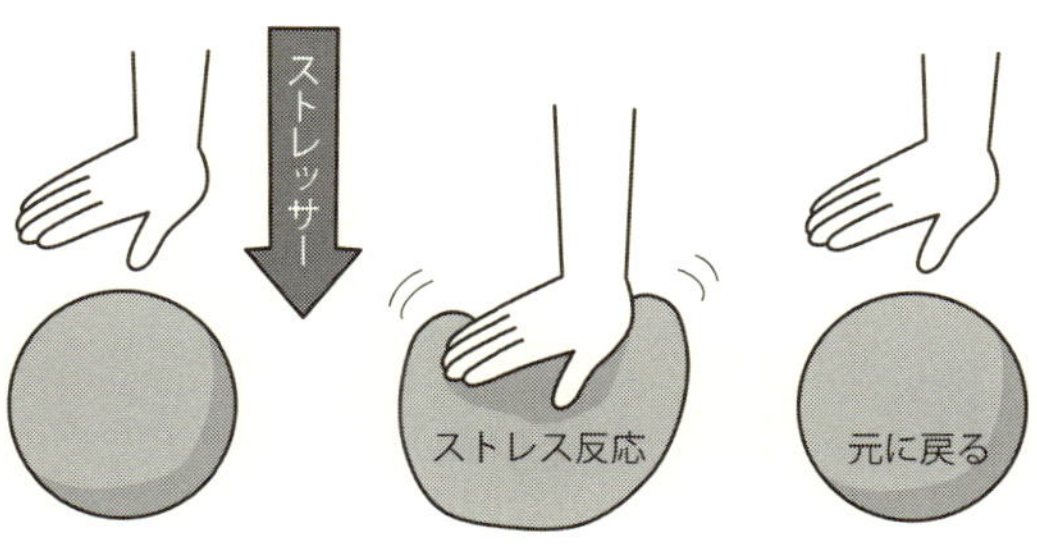

図2

という言葉を用います。

この刺激である「ストレス」は、悪い出来事を指すように思えますが、実は悪いことだけでなく、良いこととされていることもストレスになります。

悪い出来事の身近なストレスでは「毎日の暑さ、寒さ」から「窮屈な下着」「多忙な生活」まであり、悲しいストレスは「身内の不幸」「離婚」などがあります。一方、良いことのストレスは「恋愛」「結婚」「出産」「子どもの独立」などがあります。私たちがよく「ストレスがあって大変だね」と言うものは「いじめ」「人間関係の不和」「仕事での重圧」などでしょうか。

人は毎日多くの
ストレスを抱えている

ストレスを抱えきれない
こともある

通常はストレスを軽減すれば、元に戻れそうですが、時々はストレスに押しつぶされて、元に戻れないこともあります。

ストレスも悪いことばかりではない

次のように、ストレスとは悪い影響ばかりではありません。

・寒さもなく、食べ物も豊富で、敵もあまりいない地域では、防寒のための服も不要で、自然な食べ物が豊富だと農業も発達せず、武器の必要もなく、産業の発達も少ない。反対に、寒かったり、食べ物が少なかったりすると、工夫をすることになり、結果、ストレスが文明を発達させる原動力になっている例もある。

・夏の暑い日、ダラダラと過ごしていたある日、「今から子どもの担任が我が家に来る」と連絡があった。そこから母は家中の整理整頓をして掃除をして、2時間後にはピカピカの我が家で担任を迎えた。

・家から小学校まで山道を歩いて1時間かかる家に住み成長した。小学1年生から、近所の子どもたちと毎日歩いて登校した。その結果、足腰が丈夫になり、大人になった今、さまざまな困難にも耐えられる忍耐力がついた。

★ストレス原因は違っていても、ストレス反応は共通

主なストレス反応の例

頭痛、動悸、発汗、息切れ、めまい、震え、胃痛、便秘、下痢、不眠、発熱

受けるストレスの種類が違っていても、ストレス反応は共通しています。ストレス反応にはさまざまな症状があります。ストレスが強いものだったり何回も繰り返されたりすることで起きる深刻な症状もあります。自分がコントロールできないようになると、パニック発作が起きることもあります。また、日常的でない、強いストレスを受けると心的外傷（トラウマ）という心の傷を受けると言われています。この心の傷のきっかけとなった体験が鮮明に思い出され（フラッシュバック）、関連する出来事を避け、恐怖感から社会活動が困難になることもあります。集中力の低下や睡眠障害を伴うこともあります。

また、事故や事件など強いストレスによるＰＴＳＤだけでなく、最近は児童期の虐待等、持続的反復的な心的外傷を受けることにより、通常のＰＴＳＤの症状以外の多様な症状が出る複雑性ＰＴＳＤも注目されるようになってきています。

事例●複雑性PTSDのワタル（男性・40歳、仮名）

ワタルは広汎性発達障害の診断を受けています。幼少期から親の虐待を受けて育ちました。いつ父親に殴られるかわからないので、小学校高学年の頃にはオドオドした行動をとるようになりました。そんな性格のせいか、学校でもいじめのターゲットになりやすく、小学校・中学校と陰湿ないじめを受けていました。高校は、地元から離れた場所にあるので、いじめはなくなりました。それで、気持ちも楽になって生活していたのですが、その頃からウツ的な症状が出てきて、登校できなくなったのです。成人後は、障害者の就労施設に通ったのですが、そこでもいじめにあうことが多く、ひきこもっていきました。

症状としては、抑うつ状態（一時的に気分が落ち込む状態）、解離性同一性障害（多重人格障害）[11]で、日常生活も苦しく、働くことができない状態となったのです。時々、幼少期から成人後の失敗経験やいじめや虐待の場面が浮かんできて、苦しい状態が続いています。

★強いストレスを受けた場合、「逃げるが勝ち」の場合もある

大きなストレスや日常的に受けているストレスを避けようとして、不登校やひきこもり

になることはあります。自分で頑張って乗り越えたり、誰かに相談できたりしてストレスを解消できればいいのですが、解消できない場合は、その場から逃げるということも必要な方法です。

人間の心の苦しさは、周囲から測ることはできませんが、とてもつらいものです。心に受けた傷は、通常は時間経過とともに軽くなっていきます。しかし、そのショックが大きすぎた場合はなかなか軽減せず、精神症状へとつながっていくこともあります。このようにストレスは深刻な問題を引き起こすこともあります。

苦しい環境にいる時、逃げずに頑張ることがあります。それほど深刻ではない場合は頑張ればいいのですが、そのストレスが強い場合、もしくは、何回もストレスを受けたりした場合は、その場を離れて不登校やひきこもりになる勇気も必要です。

逃げない、逃げられない場合は、適応障害など、さまざまな精神疾患となる場合があります。ですから、

本当につらい時には一時的に逃げよう！

本当に苦しい場合は、「逃げるが勝ち」です。

★ひきこもりと精神障害について

ひきこもると、それによりウツや強迫性障害やその他の精神障害を発するようになることがよくあります。（精神障害については第3章を参照）原因として考えられることは、ひきこもるきっかけになったいじめなどです。

しかしそれに匹敵するくらい、ひきこもること自体が大きな原因になっていることも多いと考えます。「ひきこもったダメな自分」「みなと同じように通学できない自分」「将来が不安」といった考えが湧き、それが心に大きなストレスとなって自分を押しつぶしているように思われます。

★雑念にとらわれると脳が傷つく

人は、仕事や家事や趣味などの時は、それなりに頭脳を使って活動していますが、何もすることがない時、脳はどうしているのでしょうか。それは「雑念にとらわれている」ことが多いと言われています。(12)

「雑念」とは、「苦しい過去の出来事」や「未来への不安」などです。不安などの雑念で脳が疲弊し、脳に抗ストレスホルモンが増えることで海馬が委縮し、感情の表出を過剰に我慢することで扁桃核（偏桃体）が肥大化します。その結果、思考の働きが悪くなり、不安や恐怖をより感じやすくなります。「雑念」は誰でもが浮かびますし、浮かぶこと自体は問題ではありません。「雑念」にとらわれて考え続けることが問題なのです。

次から次へと思いが湧いてくる
学歴も職歴も
ないのに
自分はダメだ
将来もない
相談したくても
相手もいない
友達が
ほしいのに
友達は学校に
行ってるかな
人と話ができない
ボクはダメ
親が
いなくなったら
どうしよう
こんなボクに
彼女なんて
できないな

このように雑念にとらわれると脳が傷つき、ウツや強迫性障害やその他の精神障害等が発しやすくなると考えられます。この「雑念」をストップさせるために、ひきこもりの本人に「日常的に何かしなくてはならないメニュー」を提供できたら雑念にとらわれるのを少しでもストップさせられると考えています。

★暇はヒトをダメにする――ヒトには「きょうよう」と「きょういく」が必要

千葉大学の教授だった多湖輝氏は著書『100歳になっても脳を元気に動かす習慣術』(13)で、多湖氏の先輩の言葉として次のことを紹介しています。

「あのね、キョウヨウっていうのはね、教養じゃなくて、今日、用があること。キョウイクとは教育ではなく、今日行くところがあるってことなんだよ。キミらもね、今日用がない、今日行くところがない、となったら、もうボケるしかないんだよ」

多湖氏の先輩の言うように「きょうよう」と「きょういく」はボケ防止にも大切なことですが、これはひきこもり者にも、定年退職した方々にも必要なことです。

なぜひきこもり者に精神障害等の症状が出てくるのでしょうか。それは人間が健康に生きるのに大切な「きょうよう」と「きょういく」がないからです。

幼少時から大人になるまで、私たちには「登校」や「出勤」という予定があります。そのために、時間を決めて起き、目的地に向かいました。そして、目的地ではそれぞれ「用」があり、それに従って動いていました。

この場合の「用」は「しなければならない仕事や学習や部活」などのスケジュールという意味です。学校なら授業に合わせて教室で椅子に座ったり、休憩したり、それを終えると下校して家に帰ります。それは仕事場でも同じです。

一日の「用」が終わると、あとは自由に使ってよい時間がきます。すると、誰にも邪魔されず、強制されない好きなことができるわけです。好きなこととはゲームでもよいし、マンガを読むのでもよいわけです。やっとできた自由時間だからうれしいのです。

★暇は動物にも悪い影響を及ぼす

「退屈が心の状態を悪くする」のは、人間だけではありません。昭和46年、上野動物園でゴリラの部屋から視聴できるようにブラウン管のテレビが設置されました。(14)当時、一般家庭にも普及していなかった19インチのカラーテレビです。

伴侶を亡くして独居生活になったゴリラのブルブルは、糞を投げたり、自分の体毛を抜いたりと、ストレスを受けた時に見られる行動をするようになったそうです。その対策としてテレビを見せることにより、症状は改善したのだと言います。

本来、自然の中で暮らす動物たちは、一日中餌を探したり、敵と闘ったりすることで時間を費やしています。しかし動物園では定期的に餌が与えられるので、今まで数時間かかっていた給餌活動にかかる時間が短くてすんでいます。その結果、暇な時間が増えて、精神症状が出ることがあるそうです。

その対策として、動物たちの用を作るため現在の動物園では、今まで動物の肉を切り身で与えていたのに、頭や骨や毛皮などがついたままで与えたりしているそうです。知能の高い動物には、餌を皿に盛ったりせず、思わぬ場所に隠して見つけさせるなどの工夫をしているそうです。やはりヒトでも動物でも暇は害悪で「今日用がある」「今日行くところがある」は必要なのですね。

★退屈なひきこもりの人々はどうしたらいいのでしょうか

次のようなメニューで暇をつぶすのは有益だと思います。

○ゲームに熱中する

親は、子どもが自室にこもりゲームに熱中するのを、あまり快く思わないことが多いかと思います。「ゲーム依存症になってしまわないか」「勉強とか体を動かすとか、もっと有効なことに時間を使ってほしい」などと感じますので。しかしゲームは、何もすることがない時、ゲームに集中して嫌なことを思い出すことを防いでくれます。ゲームもこんな時には必要な過ごし方であると考えています。

○趣味に集中する

趣味のある人は、傷ついた後は趣味に集中することがよいと思います。鉄道のファン、古代史のファン、マンガのファン、釣りのファン、麻雀のファンなど、好きなことを楽しむのもよいと思います。とにかく、他のことに集中する時間があることが大切なことです。

○体を動かす

もし、走ったり、歩いたり、泳いだり、踊ったり、登山をしたりと体を動かすことが可能なら、それに集中できればよいでしょう。しかし、傷ついて落ち込んでいる場合は、身体運動に挑戦することができない場合も多いのです。

○家事を担当する

家事と言うと家族のためのことだと考えますね。しかしまずは、自分の世話をすることから始めます。自分のご飯の支度、皿洗い、洗濯、掃除、買い物などです。

多くのひきこもり者のいる家での家事は母親が行っていることが多いようです。傷ついて部屋に閉じこもりがちな人間に対して「家事をしなさい」とは言いにくいことでしょう。ですから、家事はひきこもる前の幼少時から身につけさせておくことが有効です。20代でひきこもり、それが続いて50歳くらいになった時に、50代だった親は80代になります。その80代の親が50代の子どものご飯の支度から茶碗洗いまでするのは過酷とも言えます。親だって50代の頃、わが子が30年間もひきこもることは予想できなかったのでしょう。

傷ついたわが子に「ご飯作りはあなたがするのよ」とか「自分のことは自分でしてよ」とは言いにくいことです。なるべくそっとしておいてあげたいと思うのは当然です。

しかし傷ついた当人でも、ご飯は食べますし、洗濯ものは出すし、トイレも使い、部屋も汚すのです。伝えにくいのかもしれませんが、「ご飯作りはあなたがするのよ」「自分のことは自分でしてよ」と伝えたほうが、結局は当人や親のためになります。

家事と子育てと仕事に忙しい主婦は、悩みは多いことと思いますが、「ああだこうだ」と思い悩む時間はありません。ひきこもり者にも、「○○すべきこと」を作ってあげることは大切なことです。「ああだこうだ」と思い悩む時間が短くなりますし、暇をもてあます時間が短くなります。そして次第に、家族の家事まで担当するようになると、「家の事を担当できている」という自信がもてるようになります。また家事は総合的な能力（問題解決能力とか、いつ家事をするか等の計画を立てる能力）を育み、脳の活性化をはかります。

そして、ずっとひきこもっていて、親が80代になった時、自分で自分の家事をすることができていれば、親も安心できます。その上、80代の親の介護までできるかもしれません。

次は、段階的に家事を身につけさせていったプロセスです。

事例●段階的に家事を身につけていったタケル（男性・20代、仮名）

タケルは小学生の時から不登校気味でした。部屋でゲームをやり、親との会話もほとんどありませんでした。一日中ゲームばかりして、宿題を気に掛ける様子はありません。こんなタケルを見て、放っておけなかった親が〝気をきかせて〟宿題をやってあげていました。

中学卒業後、タケルはそのまま自室にひきこもり、スマホでゲームをしています。タケルのしていた身の回りのことは、自分が食べた食器をシンクに運ぶくらいで、食事の支度や掃除と洗濯は母親がやっていました。

母親はカウンセラーと話しあい、「自分のことを自分でさせてみよう」に挑戦することになりました。今まで母親はタケルのことを思って、懸命に世話をしていましたが、少しずつタケルに家事を仕込んでいったのです。

母親が外出する時に、たとえば焼きそばを味付けの寸前まで作り「あとは塩コショウとソースをかけて味付けして食べて」と伝えて外出した結果、料理の仕上げは自分でするようになりました。

親は玄米ご飯を食べたかったが、タケルは玄米が嫌いだったので、タケル用に小さな炊飯器を購入し、タケルに「玄米ご飯ならお母さんが炊くけど、白いご飯がいいのならこの炊飯器で自分で用意して」と、米の計量、研ぎ方、炊き方を伝えました。すると、時々は自分で炊飯するようになり、一ヵ月後にはご飯は自分で炊くようになりました。

その後、米が無くなると、親に「米」と言い「米がないから買ってきて」という意味をラインなどで伝えるようになりました。親が米を買ってくると、何も言わなくても小分けして冷蔵庫に保管するなどの管理もするようになっています。

※家事ができるようにする子どもへのトレーニングについては拙著(15)に詳しい。

第3章　ひきこもりと発達障害・精神障害

ひきこもり者や不登校の生徒と接してみて、それらの方々の多くに、発達障害の特徴や精神障害があると感じます。図3[16]のように、さまざまな発達障害が重なり合って複雑になっています。それに精神障害などが重なり、さらに問題を複雑にしています。

★発達障害とは

発達障害者支援法では、「発達障害」とは「自閉症、アスペルガー症候群その他の広汎性発達障害、学習障害、注意欠陥多動性障害その他これに類する脳機能障害であってその症状が通常低年齢において発現するもの」とされています。

○広汎性発達障害

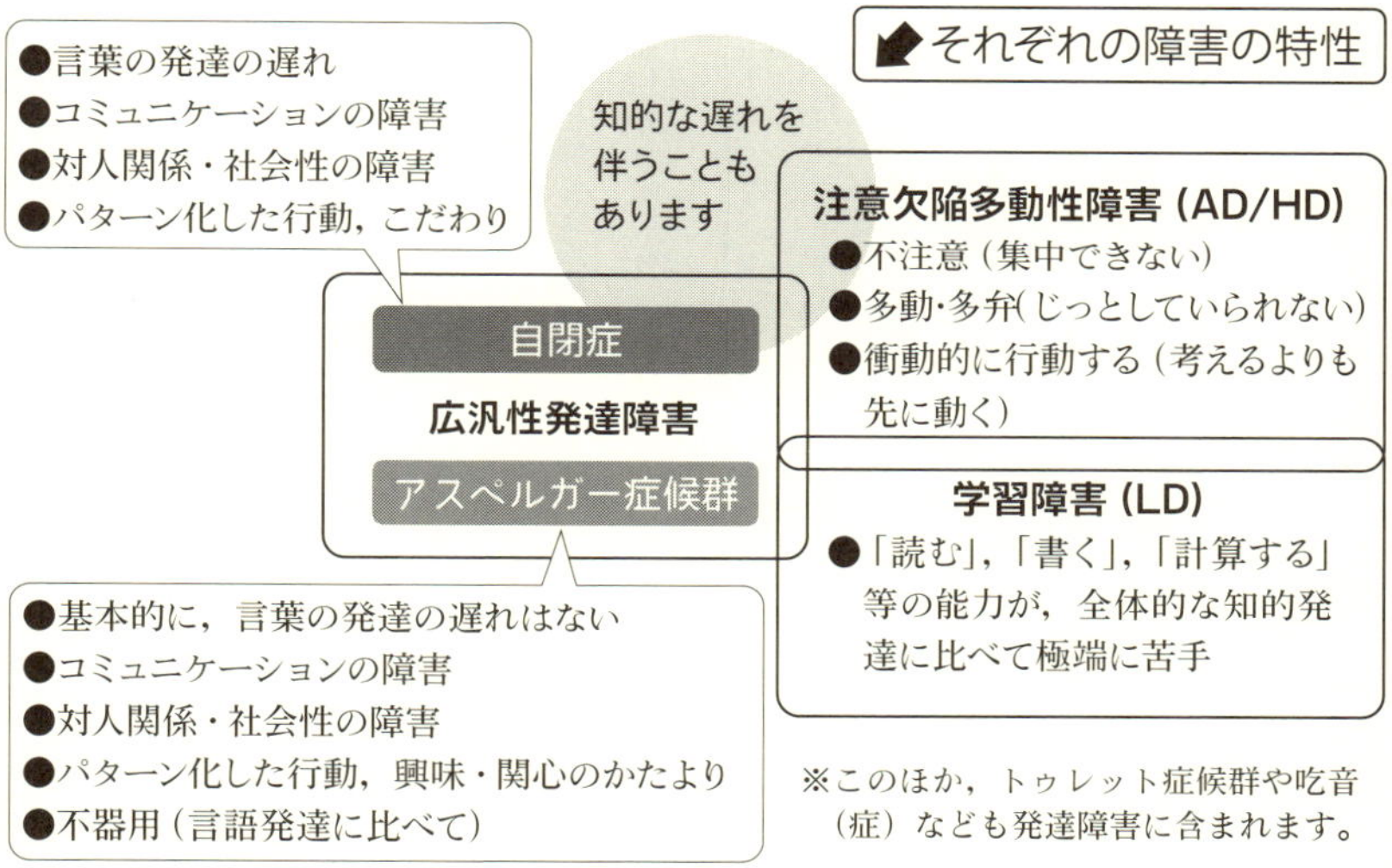
それぞれの障害の特性
●言葉の発達の遅れ
●コミュニケーションの障害
●対人関係・社会性の障害
●パターン化した行動，こだわり
知的な遅れを伴うこともあります
自閉症
広汎性発達障害
アスペルガー症候群
●基本的に，言葉の発達の遅れはない
●コミュニケーションの障害
●対人関係・社会性の障害
●パターン化した行動，興味・関心のかたより
●不器用（言語発達に比べて）
注意欠陥多動性障害（AD/HD）
●不注意（集中できない）
●多動・多弁（じっとしていられない）
●衝動的に行動する（考えるよりも先に動く）
学習障害（LD）
●「読む」，「書く」，「計算する」等の能力が，全体的な知的発達に比べて極端に苦手
※このほか，トゥレット症候群や吃音（症）なども発達障害に含まれます。

図３　発達障害の代表例

（政府広報オンライン「発達障害って，なんだろう？」（2024 年 9 月 17 日）https://www.gov-online.go.jp/featured/201104/ より）

コミュニケーション能力や社会性に関連する脳の領域に関係する発達障害の総称です。自閉症、アスペルガー症候群のほか、小児期崩壊性障害、特定不能の広汎性発達障害を含みます。

○自閉症

自閉症は、「言葉の発達の遅れ」「コミュニケーションの障害」「対人関係・社会性の障害」「パターン化した行動、こだわり」などの特徴をもつ障害です。最近では、自閉症スペクトラム症と呼ばれることもあります。

○アスペルガー症候群

アスペルガー症候群は広い意味での「自閉症」に含まれる一つのタイプで、「コミュニケーションの障害」「対人関係・社会性の障害」「パターン化した行動、興味・関心のかたより」があります。自閉症のように、幼児期に言葉の発達の遅れがないため、障害があることがわかりにくいのです。

○注意欠陥多動性障害（AD／HD）

注意欠陥多動性障害（AD/HD：Attention-Deficit/Hyperactivity Disorder）は、「集中できない（不注意）」「じっとしていられない（多動・多弁）」「考えるよりも先に動く（衝動的な行動）」などを特徴とする発達障害です。

○学習障害（LD）

学習障害（LD：Learning Disorders または Learning Disabilities）とは、全般的な知的発達に遅れはないのに、聞く、話す、読む、書く、計算する、推論するなどの特定の能力を学んだり、行ったりすることに著しい困難を示すさまざまな状態を言います。

事例●中学卒業後、家にひきこもった発達障害が疑われるショウタ（男性・17歳、仮名）

中学を卒業して、家にひきこもったショウタ。家族からの申し込みで筆者は家を訪問しました。ショウタはほとんどしゃべりません。それで家族から今までのことを聞きました。弟と比べて、おっとりしているというか、のんびりしていて、何に対しても行動が遅いのだそうです。性格は穏やかで家族関係は良好のようです。

親の許可をもらい中学校へ行き、学校でのショウタの様子を聞きました。すると、ショウタは返事が遅く、行動も遅いので、友達もいなかったようです。成績はあまりよくなかったそうです。中学3年から不登校になり、担任は親を通じて高校進学の意思を確かめましたが、返事がなかったので、親と相談して受験はしなかったということでした。

ショウタを誘って外出したり、一緒にボランティア作業をしたりしました。その参加態度は意欲的ではなかったのですが、拒否もしないので、月に1～2回誘って外出しました。その行動を通して筆者は次のようにショウタを見立てました。「ショウタは、知的なレベルは高くないが、知的障害には当たらないレベル。状況判断や相手の問いかけに対する判断が極度に遅い」です。これでは、学校時代の授業や友達関係で、そのテンポについていけず、苦しかっただろうと推測されました。

その後、両親が判断して、クリニックに連れていったところ「発達障害」があり、その中でも「情報処理の速度が遅い」タイプであると診断されました。

★精神障害とは

精神障害とは、何らかの脳の器質的変化あるいは機能的障害が起こり、さまざまな精神症状、身体症状、行動の変化が見られる状態です。(17)

ひきこもり者と精神障害について、「ひきこもりの評価・支援に関するガイドライン」(3)では次のように述べています。

「ひきこもりの相談にあたって、常に統合失調症や双極性障害である可能性をどこかで意識していましょう。本ガイドラインの定義で、『原則として統合失調症の陽性あるいは陰性症状に基づくひきこもり状態とは一線を画した非精神病性の現象とするが、実際には確定診断がなされる前の統合失調症が含まれている可能性は低くないことに留意すべきである。』とあえて強調しているのはそのためです。これらの精神障害の大半はひきこもりを引き起こす要因の一つとなった一次性のものと考えられますが、中にはひきこもり状態の中で発症した二次性のものも含まれています。例えば、うつ病性障害はひきこもりの原因になる事例が大半ですが、中にはひきこもり状態の遷延する過程で発症してくる事例もあります。」

このようにひきこもり相談の時は、精神障害にもよく留意しないといけないと筆者も考えています。

★精神障害の例

○不安症

不安症とは差し迫った出来事に対する恐怖や、将来に対する不安が過剰となり、行動や社会生活に影響を与える状態が、成人の場合は6ヵ月、子どもの場合は4週間、続いている状態です。恐怖や不安は現実の出来事や、身体疾患、特殊な物質の使用、治療薬、環境刺激などによって生じることがありますが、そのような理由のある恐怖、不安は含めません。また不安とともに、動悸、呼吸困難、震え、発汗などの身体症状が生じることもあります。特にパニック発作と呼ばれるタイプでは、強い不安とともに、こうした身体症状が急激に生じることが特徴です。

治療としては、薬物療法と認知行動療法があります。

○ウツ

一日中気分が落ち込んでいる、何をしても楽しめないといった精神症状とともに、眠れない、食欲がない、疲れやすいなどの身体症状が現れ、日常生活に大きな支障が生じている場合、ウツ病の可能性があります。ウツ病は、精神的ストレスや身体的ストレスなどを背景に、脳がうまく働かなくなっている状態です。また、ウツ病になると、ものの見方や考え方が否定的になります。ウツ病かなと思ったら、自己判断をせずに、総合病院の精神科や心療内科、精神科のクリニックなどに相談しましょう。

ウツ病の治療には、医薬品による治療（薬物療法）と、専門家との対話を通して進める治療（精神療法）があります。また、散歩などの軽い有酸素運動（運動療法）がウツ症状を軽減させることが知られています。

○強迫性障害

これは「馬鹿馬鹿しいと思いながら○○をせざるをえずやってしまう行動」で、その行動とは、手洗いなど不潔恐怖や、１００まで数えないと次の行動に移せないとか、不吉な数字を決め、その日には外出しないなどの儀式行為や縁起担ぎ、カギを掛けたかどうか不安になり10回も20回も確認するとか、運転中に「今、交差点で人をはねたのではないか」と交差点に戻って確かめるなどの確認行動などがあります。

精神科に行くと、薬物療法やカウンセリングが行われますが、効果的とは言い難く、長年通院しても症状が改善しない方も多いのです。また治療法としては、認知行動療法の「暴露法」(18)が代表的です。これは患者さんが強迫観念による不安に立ち向かい、「強迫行為をしないで我慢する」という行動療法の一つです。（強迫性障害の事例は第7章に詳しい）

○PTSD（Post Traumatic Stress Disorder：心的外傷後ストレス障害）(19)

ＰＴＳＤとは災害や事故や性暴力など精神的衝撃を受けるトラウマ（心的外傷）体験にさらされたことでその出来事を自分の意志とは無関係に思い出し（フラッシュバック）、現在もその被害が続いているかのように感じて苦しくなるという精神疾患です。

最近は、前述のような単純性ＰＴＳＤだけでなく、複雑性ＰＴＳＤも注目されるようになっています。複雑性ＰＴＳＤとは、１回の精神的衝撃を受けるような体験ではなく、長期にわたり虐待やいじめや暴力やＤＶ（配偶者など親密な関係にある男女間などでふるわれる暴力）を受けていた場合に発症します。トラウマ体験があっても全員がＰＴＳＤになるわけではありません。

治療は、認知行動療法、暴露法や、眼球運動脱感作療法（ＥＭＤＲ）などが有効とされており、この他、呼吸法も効果的です。筆者はカウンセリングの中でＥＭＤＲと呼吸法を

用いており、効果的だと感じています。（ＰＴＳＤの事例は第7章に詳しい）

○フラッシュバックについて

フラッシュバックは、心に傷を負った人に起こる症状ですが、大変困難なものなので紹介します。トラウマとなった出来事や体験を、まるで再体験しているかのように思い出して気持ちが落ち込んだり、つらくなることが続くことです。それは自分の意思ではなく、似たような出来事がきっかけになることがあります。何度も思い出すことによって、嫌な出来事を再体験し、そのたびに記憶が新しく塗り替えられて、いつまでも忘却できないと言われています。

○統合失調症

統合失調症は精神科で扱う病気の中でポピュラーな精神疾患です。症状は陽性症状（幻覚、被害妄想）と、陰性症状（自発性が低下してひきこもったりする）があります。原因は、ストレスに対する弱さや環境、遺伝要因などと言われています。

統合失調症で最も重要な治療は薬物療法です。薬を飲まないと80～90％以上の確率で再発してしまいます。ですから薬の服用を続けていくことが何よりも大切です。自己判断で薬を中止することは絶対にやめましょう。

残念ながら現在の治療薬ではなかなか陰性症状＝ひきこもりを改善させることはできないということです。社会復帰をどのように促すかが大切になります。そのためのリハビリテーションとして精神科デイケアや作業療法などがあります。そうした心理社会的治療により自立した生活に戻ることを促していきます。

★発達障害や精神障害の事例

事例●自閉症が疑われる不登校のタスク（男性・15歳、仮名）

タスクは中学校で「級友に騙される」というショッキングなことがあり、それ以来登校しなくなりました。最初は家族と会話をしていましたが、次第に家で言葉を発しなくなっていきました。家族は、ショックが強かったのだろうと、スクールカウンセラーに相談しながら、なるべく核心に触れないようにして1年間様子を見ていましたが、どんどん家族との会話がなくなり、ほぼ一日中ゲームをするようになりました。

また幼少時のエピソードには次のようなものがありました。保育園の年長の時、タスクが「明日から保育園には行かない」と言ったのです。事情を聞くと「僕は先生に言われたように椅子に座って静かにしていたのに、先生から『約束を守らなかった』と怒られた。僕は静かにしていたのに」という訴えでした。母親が担任に聞くと「昨日、クラス全員にしばらく静かにしているように言って私が教室に戻ると、席を離れて騒いでいる子どもたちが何人もいたので、私がクラス全員を静かにさせてお説教をしたのです。タスク君は静かにしていたのかもしれません。特にタスク君を叱ったわけではないのですが」ということでした。これは母親と担任がタスクに説明して、その後は通常通り通園できるようになりました。

その後のタスクは、小学校でも成績もよく、友達にも恵まれ、親も担任も障害の疑いをもたなかったのです。しかし親が思い起こしてみると、他の子に比べて会話数が少なく、仲良くしている友達もタスクが自分から遊びに行くというより、友達にお世話されていたことが次第にわかってきました。クラスメートに騙されたというのも、騙されて傷ついたのはタスク一人でしたが、クラスメート数人が一緒に騙されたということでした。タスクが級友の言葉の裏の意味を推測しづらいことからショックを受けたということがわかってきました。

カウンセラーの勧めで、精神科クリニックで受診させました。広汎性発達障害の診断を受けました。タスクは「想像力の欠如」などから「空気が読めないタイプ」であると推測されました。

事例●「変な自分」と認識し、ひきこもりになったリョウ（男性・40歳、仮名）

リョウは小学校時代から、物事に集中すると周りが見えにくくなる少年でした。何にでも興味をもち、アリの行列を見つけるとどこまでもアリを追うといった集中ぶりだったのです。それは周囲から見ると探求心が旺盛でほほえましかったし、性格も温厚なので、問題児とはされていなかったのです。地元の小・中学校の子どもからも「リョウはちょっと変わっているけどいいヤツ」と認められていました。しかし、高校は地元から離れた地域にあり、リョウのことを理解していない生徒が多かったのです。高校へ入学して、相変わらずマイペースで日々を過ごしていましたが、リョウの行動を「変」だと思うクラスメートから「お前は変だ。普通じゃない。お前の行動が、先生やクラスのみんなにどんなに迷惑をかけているのか、考えたことはあるのか」と言われたのです。言った生徒に悪気はなかったのかもしれませんが、言われたリョウにとっては衝撃的な言葉だったようです。

ショックのためかリョウはその日は早退して帰宅し、母親に「僕って、変なヤツだったんだ。みんなに迷惑をかけていたんだ」と話し、それ以来自室にこもりがちになったのです。それまで天真爛漫な行動をしていたリョウは、「迷惑をかけない行動」「行儀のよい行動」をする子どもになってしまいました。それから20年、ほぼ自宅にひきこもり、外出時はなるべく他の人に会わないように配慮をして行動しています。

これは、天真爛漫な子どもだったが、高校生になり、クラスメートから「客観的に見た自分」を指摘されて、今までそんなことを考えたこともなかったのに、「変な自分」と認識するようになり、急に恥ずかしくなり、外に出られなくなった例です。

事例●ひきこもった後に、精神障害を発症したエリカ（女性・22歳、仮名）

エリカは小学校入学後、授業内容の理解が遅く、友達からバカにされていました。教科書を隠されたり、体操服を切られたり、廊下で足を引っかけられて転ばされたりしました。おとなしいエリカは先生に訴えることもできずに、それでも中学校までは登校していました。

両親はエリカからいじめられていることを聞きましたが、「お前はまともに学校にも行けないのか。学校を休んだらダメだ。他の子に負けないように勉強もちゃんとしなさい」などの声をかけていました。そして成績が悪かったので、学習塾に行かせましたが、成績は思ったようには上がりませんでした。

周囲からバカにされていたためか、次第に自信がもてないようになり、行動がオドオドして、人と話をする時は、うまく言葉が出てこなかったり、どもったりするようになりました。高校に進学した後、登校できなくなり、家にひきこもりました。

その後、気分が落ち込むことが多くなり、今までできていた家事や入浴などもする気力がなくなり、そこで親が精神科に連れて行ったのです。

病院では「ウツ病」と診断されて、入院治療をしましたが、入院しても同室の人に気を遣うのでつらいと言い、症状がよくならないまま退院をします。その後も、入院して、改善しないまま退院というのを繰り返しています。症状は、気分の落ち込みや、頭痛、いじめられたことのフラッシュバックです。またエリカはいつもいつも「人並にできない自分はダメだ」と考え続けています。

家に帰ると、父親が顔を合わせるたびに「お前は、会社に入って稼ぐようにならないと、親が死んだ後困るだろう。頑張るんだ」という言葉を投げかけます。支援者は「お父さん、その言葉かけはやめてください。その言葉がプレッシャーになって、エリカさんが余計につらくなるのですよ」と言っても、父親はこの言葉かけを止められません。

第4章　ひきこもりの相談支援をする

下の模式図は、典型的なひきこもり支援の模式図です。支援のルートはこれだけでなく、無数にあります。支援の参考にしてください。

★自宅を訪問する

ひきこもり支援にとって自宅への訪問は必要不可欠なことです。

図4　ひきこもり支援　ルート例

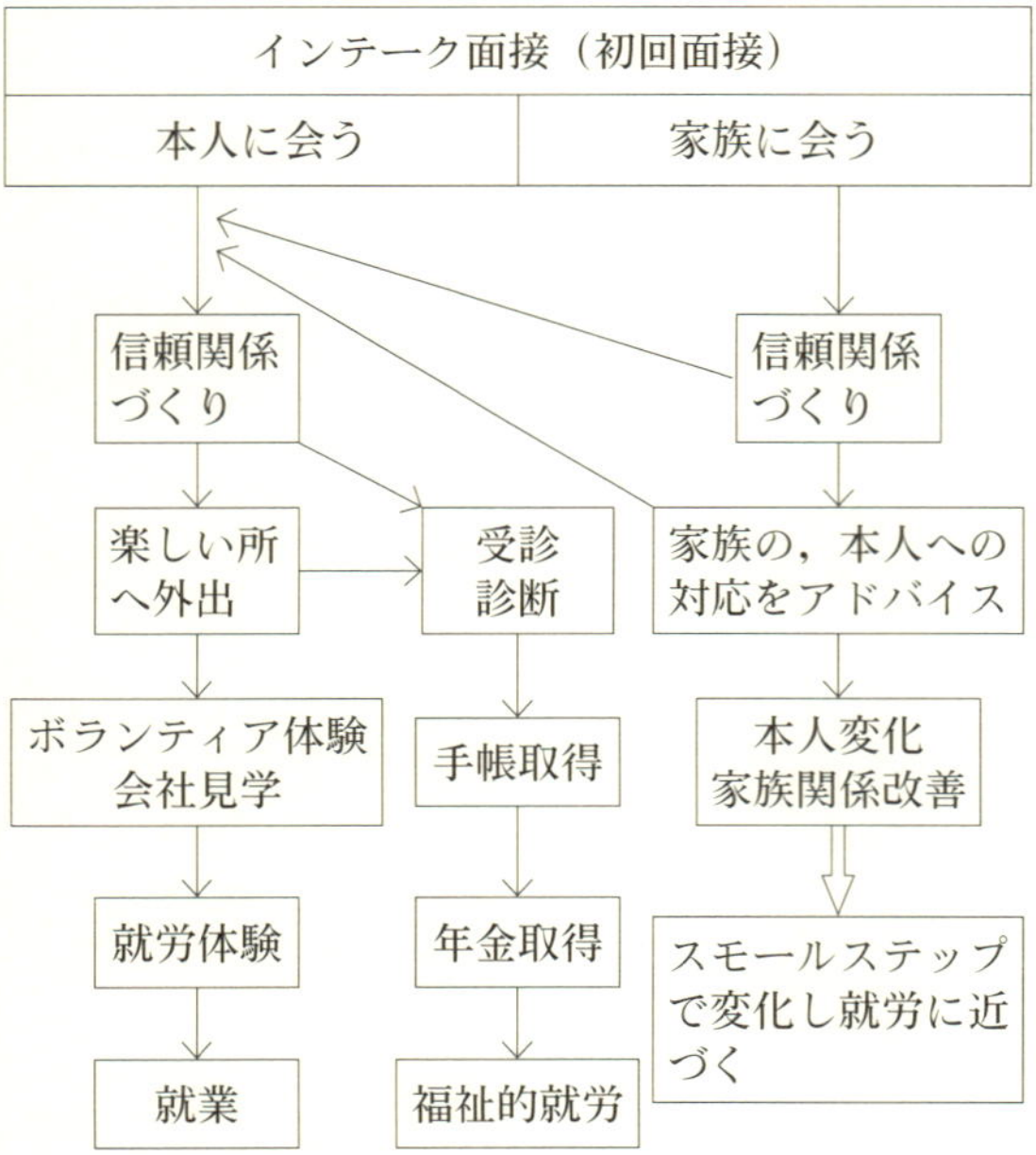

従来、相談活動は相談室や学校でカウンセラーに面談というかたちで行われてきました。相談室へ保護者がひきこもっているわが子の相談に来ると「なんとかここへ本人を連れてきてください」と言っていました。つまり「連れてこなければ支援は難しい」と事実上断っていたのです。

かと言って自宅訪問しても、すぐにひきこもり者が出てこられるわけではありません。ひきこもり訪問支援は、費用対効果、コストパフォーマンスが悪いものと言えます。以前ある自治体の商工観光課が中心になって男女2人のペアでひきこもりの家庭訪問スタッフを作り訪問していましたが、1年経過してもひきこもり対象者が家から出ることはなく、次の年度にはその訪問スタッフの制度はなくなっていました。

訪問してもなかなか外に出られないのがひきこもり者なのですが、やはり訪問支援がなければまったく家の外には出てきません。その大切な訪問支援の方法を、具体的にどのようにしていくのかを見ます。

★支援のはじまり（インテーク面接）

ひきこもりの支援は、相談の場に家族が来られて、家族からの要請で始まることがほとんどです。ひきこもり者本人が来ることもありますが、それはたいていは家族に連れてこられた場合です。本人から必要な情報を聞ける場合は聞けばよいのですが、本人が話さない場合などは聞けないことは家族からも聞きましょう。

○インテーク面接

インテーク面接とは、クライエントと支援者の初めての面接です。希望や成育歴などいろんなことを聞いて（左表参照）、今後の支援の方針を決めます。本人がいる場合は、聞きにくいこともあるので、聞きにくい事柄については本人がいない場などを設定して家族から聞くようにします。

基本の情報	名前、住所、生年月日、連絡先、家族構成
ひきこもりの原因	本人に聞いたり、それができない時は家族が推測している内容を聞く
日常の生活の様子	寝る時間、起きる時間、何をして過ごしているのか、外出しているのならその事情など、担当している家事、自分の家事をどれくらいやっているか、暴力があるかなど
本人の幼児期の様子	出生時の様子、生育の遅れ、言葉や発達の遅れ、家族関係の歴史、生育の時の変わったエピソード※、家庭環境など

小中高校大学時代の様子	不登校の様子、友達関係、成績、人と違ったところ、趣味など
職歴、退職の理由	本人に聞けなかったら家族が推測していることを聞く
家族関係	本人とそれぞれの家族との関係、本人が信頼している人、頼りにしている人、嫌っている人、避けている人など
家庭の経済力	ずばりと聞けない場合はそれとなく聞く。たとえば親に「収入は年金だけですか？」「親亡き後、経済的には大丈夫ですか？」など
受診歴	診断名、病歴、薬の名前、病院名、主治医
福祉サービスなど	福祉手帳を所持しているか、現在や過去に利用している福祉サービスなど
本人や家族の望む支援は何か	自宅訪問、本人に会ってほしい、ひきこもりの支援であることを本人には言わないでほしい、アドバイスだけでいい、病院に同行してほしい、本人が家族と別居したい、子どもの暴力をなんとかしたいなど
家族が望む本人の将来	家族が望む本人の近い将来の目標、最終目標（サラリーマンになってほしい、なんとか暮らしていけるようになってくれればいい、働かなくてもいい、行きたい時に外出できるようになるなど）

※変わったエピソードとは
発達障害者の場合、その特徴が幼少期から行動に表れていることも多い。自閉症スペクトラム症などの子どもの一部に次のような行動が見られることがある。スーパーに行くと、多くの子どもは親の後追いをするが、自閉症スペクトラム症の一部の子どもの場合、親の姿が見えなくても不安がらず、勝手にオモチャ売り場等に行ってしまうことがある。また電車（特に新幹線）や自動車に高い興味を示し、それを整然と並べるなどの遊びを好むことがある。言葉の発達が遅れることもある。友人の数が少ない等がある。

聞き取り後、本人や家族と相談して打ち合わせて、支援者が自宅を訪問する時間などを決めます。
また、訪問時の留意点（家族が支援者の来訪を本人に知られたくないかどうかとか、家庭訪問の目的がひきこもりへの支援であることを本人に知らせたくないかどうかとか）について、家族の意向を聞いて、すり合わせておきます。

★支援者がひきこもりの本人に会う時

親とよい関係を保っているひきこもり者だと、最初から本人と会えることも多いでしょう。

次に一般的な留意点をあげますが、人によっても違うので、一律に考えないでください。

・支援者は笑顔を忘れないで自己紹介する。

・家族から「支援者としてではなく、親の友達として我が家に来てください」と言われることがある。しかし、原則的には嘘はつかないほうがよく、支援者だということを最初はあいまいにしても、最終的には支援者としての立場をとるのが適切であると考える。

・本人が険しい顔をしていても、支援者は「私は嫌われているかも」「私は迷惑がられている?」などと解釈しないように気を付ける。ひきこもり者には緊張している人もいるし、もともと笑顔を作るのが苦手な人もいると考えればよい。

・最初は、答えにくいと思われる質問をしたりしない。答えにくい質問とは、たとえば、学校や職場で、どんな嫌なことがあったのか、傷つけられたのかなど。聞きやすい質問は、好きなシンガーや趣味、好きなゲーム、生活時間など。これらはあらかじめ、家族から聞き取りする中でわかることもあるので、わかったら、その好きなことについて聞いたり調べたりしてから行き、話をすると仲良くなりやすいと言える。ひきこもり者の好きなゲームを一緒にするのもよい。

・最初は、短時間で引き揚げよう。そして、必ず次の訪問日時を知らせ、それを守る。最初は迷惑がっていたり、過度に緊張していたりしても、ほぼ全員の人間が回数を重ねれば、慣れて、好感をもってくれるようになる。

心理学でも「単純接触効果」と言って、人は何回も見たり会ったりすると、その回数に比例するように、好感度が上がります。これはひきこもり支援にとって、大切なことなのです。会う回数が増えるほど、また相手のことがよくわかったり、共通の話題が増えることが好感度を上げることになります。しかし、相手の気持ちを無視して、最初から長時間滞在したり、繊細な問題を話題にしたりするなどは慎重に行動をすることが大切です。

★支援者は自分なりに枠を決め、対象者に巻き込まれないようにする

支援者は時として、支援対象者に巻き込まれることがあります。たしかに支援には「相手に寄り添う」ことは大切なことです。その中で支援者が、「できること、できないこと」の枠を決めて対象者にきちんと告げ、その枠を崩さないようにします。ひきこもり者は異性との経験が少ない方も多いので、やさしくしてくれる支援者に恋心を抱いたり、依存状態になったりすることもあります。

たとえば、支援者と対象者がメールでやりとりを始め、支援者が「何でもいいので、メ

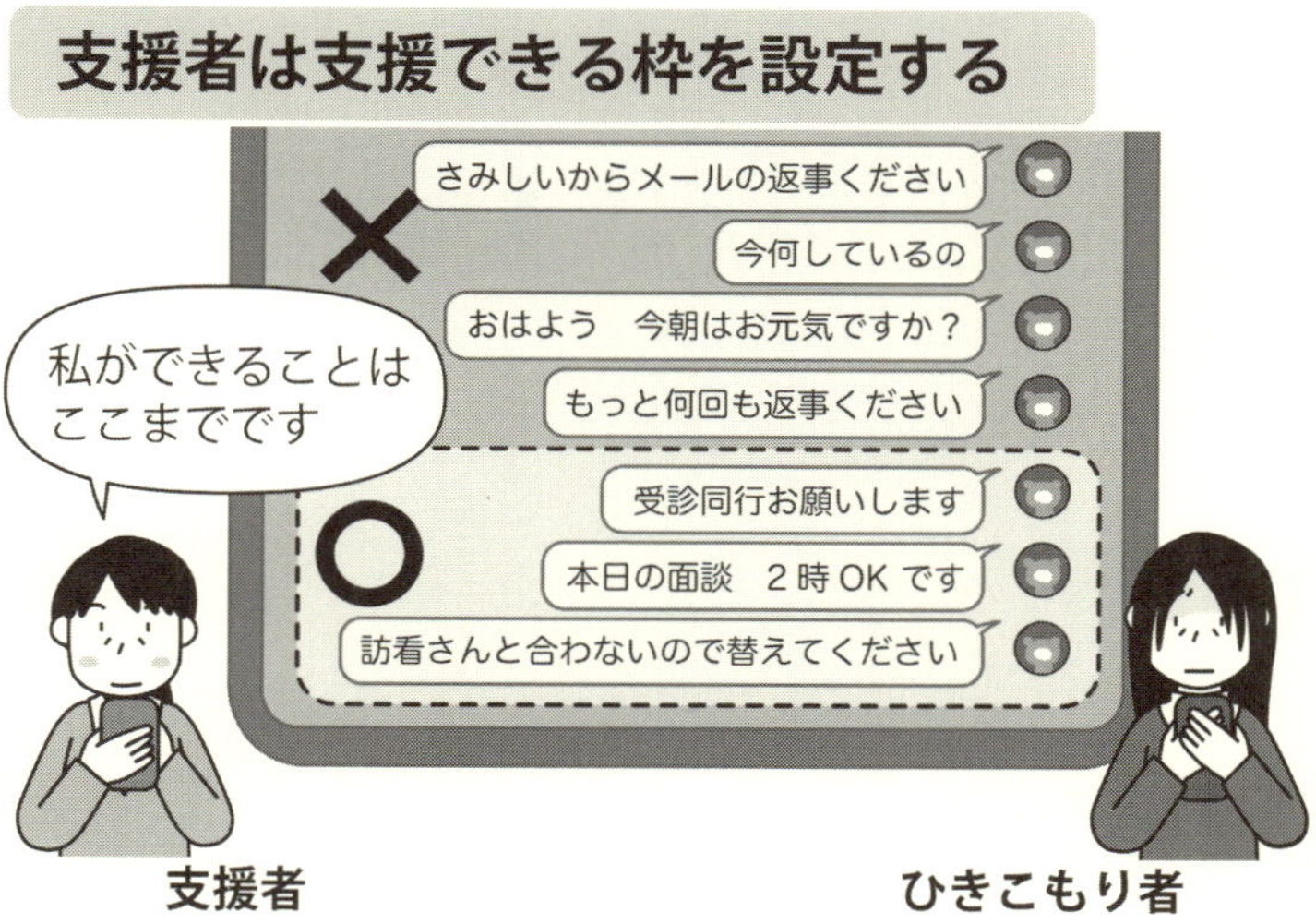

ールで相談してください」などと伝えたとします。対象者のタイプによっては、「今何してるの？」などお友達感覚で毎日何通もメールをよこしたりすることもあります。丁寧に返事を書くのが大変になり、そうなると支援者は疲れ果ててどうしたらいいのかわからなくなります。対象者のタイプにもよりますが、「親切にしてくれる」「異性」と認識されると、そうなることもあります。

支援者は「これはできる」「これはできない」という枠をきちんと設けて、それを対象者に伝えることが必要です。たとえば、メールを一日に何通もよこしても、返事は返さないとか、最初に決めた回数（『返事は一日1回だけです』『週に

1回だけです』など）にするとかです。また、対象者が個人的な気持ち（恋心など）を書いても、それについての返事はしないとか、メールによるやりとりはそもそもしないとかです。

対象者が「相手を支配しようとする」人格障害の方の場合、支援者を自分の思うままに動かそうと、無意識にそういう言動をして、結果的に巻き込まれることもあるのです。

★受容するだけではダメ

相談を受ける教員やカウンセラーの中にも、時々「全面受容」だけをやっている方がいます。話を聞いて「それはつらかったね」「そうですか、そうですか」を繰り返します。そんな場合クライエントが、「話を聞いてくれるが、それだけで、自分はどうしたらいいのかわからない」と不満を言ってくる場合もあります。受容が悪いのではなく、その後のフォローがないのが問題なのです。

相談者の行動や決意を指図するのが支援ではありません。自分で決められるように、判断しやすいように情報を提供したり、提案したり、深く考えられるような質問をしてみたり、と方法はさまざまですが、自分で気づき自立を育んでいけるような支援をしていくことが大切だと考えています。

★「温かく見守りましょう」ではなく専門家と相談が必要

不登校やひきこもりの方々への相談は大変と言えます。一人ひとりが違うので、理想的な支援のメソッドというものはありません。だから親や担任から「どうしたらよいのでしょうか。教えてください」と言われても、すぐに答えることはできません。すると、中にはどう支援したらよいかわからず、「温かく見守りましょう」と言う相談員がいます。また家族の中には「あの子は傷ついているのだから、このまま温かく見守っていきます」という姿勢で優しく接しているだけの家族もいます。

こんな風に見守られたひきこもり者の中にはゆっくりと休んだ後、自分から歩み出す方もいます。しかし、みんなが「待っていれば必ず自ら立ち上がり、自立していく」ということはないのです。

注意深く家族で見守るとともに、自分の手に負えないと判断したら、仲間や上司に相談することが必要です。この行動はどんな意味を持つのか、どう接すればいいのか、支援者が別の専門家と相談しながら対応していく必要があります。

事例●依存的で相手を動かそうとするマユ（女性・26歳、仮名）

マユは、ウツ状態ということで、家から出られない状態でした。そこへひきこもり支援員のユウキ（男性・40歳、仮名）が訪問をしました。最初は言葉も発しないマユでしたが、2週に1回の訪問を重ねて、次第に打ち解けるようになりました。訪問した時に、次の訪問予定を告げていくのですが、マユから「週1回だけでなく、苦しい時に話を聞いてほしいので、メールアドレスを教えてください」と言われ、ユウキは業務用のアドレスをマユに伝えました。すると、毎日メールが届き、次第にその数は増え、一日に10通以上のメールが届くようになりました。ユウキは「それはつらいですね」などと返していましたが、その内容と数から返答できなくなり、苦しくなってきました。メールの内容には「今、何しているの？」「明日も来てほしいな」などと恋人に送るような内容も含まれるようになりました。

上司に相談したところ、「接する行動に枠を設定しないとこうなるよ。マユさんの行動に枠を設定しなさい」と言われましたが、どうしたらいいかわからず、具体的な方法を上司に教えてもらいました。その方法をとってからは、ユウキも楽になり、再び落ち着いて支援を続けることができました。

上司のアドバイスの枠を設ける方法とは次のことです。ユウキはマユに「会社の規則で、メールは上司が見ています。メールをこんな内容で使ってはいけないと言われたので、緊急連絡だけにしてください」と告げたのです。つまりそれは「ユウキが自分の意思でマユの好意を拒否した」のではなく「規則だからそれはしてはいけないことです」と伝えたことで、マユとユウキの関係悪化を防いだとも言えます。

それ以降、マユは「自分がしていいこと」と「してはいけないこと」を理解したのか、個人的な内容のメールは来なくなったのです。

ひきこもり者に限らず、人格障害のような「相手を支配しようとする」方や、支援を愛と勘違いする人などがいます。はっきりと線を引き、枠を設けておきましょう。

★ひきこもりが支援につながらない訳

前述のように全国に146万人いると言われているひきこもり者です。筆者は現在福井県坂井市のひきこもり者への訪問支援をしています。過去の調査でのひきこもり者の数の出現率からひきこもり者を推測すると約1100人いることになります。しかし、行政にひきこもりのサポートを求めてくる家族はやっと3桁に届くくらいと大変少ない数です。

どうしてサポートを求めてくる人が少ないのでしょうか。その理由を推測をしてみます。

○いつの間にかひきこもりになっていったから

ひきこもりというのは、最初から10年とか20年とかのひきこもりではなく、「最初は五月雨《さみだれ》的に不登校をしていた。不登校を始めたが、時には学校に行く日もあった。そのうち、卒業の年度になり、卒業式にも出ずに、自然と『ひきこもり』となっていった」というような方も多いのです。家族にとってみれば、「この日からひきこもり者」とはっきりと言えません。ですから、「様子を見る」とか「焦らせずに自分から出てくるまで見守る」とかしているうちに、「なすすべもなく時間が経過した」とかで、10年、20年が経過するというケースが多く、支援を求めるタイミングがわからないという場合が多いのかもしれません。

○自分の家庭内だけで抱え込もうとしている

よく民生委員から「担当地区内にお子さんがひきこもっているお宅があるのだけど、その家の方が言わないのに、こちらから聞くことはできないし。どうにかならないかしら」と心配する声を聞きます。民生委員は知り合いだからこそ「お宅の息子さんはひきこもっていますか？」などと聞けません。現在のところ、本人や家族がサポートを求めてこなければサポートに入れません。家族はそれなりに苦しんで今の状況があり、家族を責めればいいという問題ではありません。行政側でも、今のところ、生活費や家事などを家族が負担できている状態で、「自傷他害のおそれのある方ではない」のですから介入できません。こういう家族が行政にサポートを訴えてくるのは、親が支援できなくなった時、暴力など問題行動が大きくなった時でしょうか。それまでは、将来のことを心配しながら、どうしようもなく放っている状態と言えます。

○障害者やひきこもり者への差別意識が強い

昔、筆者が北欧に住んでいた時の経験です。その国では障害をもった子どもや大人だと、いろんな「お得な支援」がありました。「この国では障害をもつ人々は手厚い支援を受けているな」という感じをもちました。それで、そこでは障害があると、得をする（筆者が感じた）制度を利用できるため、障害などを隠すというより、特権（障害者だから得られる権利）を得て社会参加している意識が強い国だと感じました。現在の日本の福祉制度も以前と比較して、障害者の利益につながるような仕組みはありますが、まだまだ「障害等があると得するから、わが子にも障害者としての支援を受けさせたい」というよりは「障害の手帳をもっていることを知られたくない」「あの人はかわいそうに障害者だ」などの意識が存在しています。ひきこもりを隠そうとする風潮があるのも、家族がひきこもりということを明らかにしても、得られそうな「お得」感が感じられないからかもしれません。

○ひきこもり者への支援方法が確立していない

ひきこもり者への支援方法は、まだまだ確立した方法というものはありません。不登校支援も、うまくいっているとは言えないと思います。不登校やひきこもりへの支援の在り方の研究を進め、支援者が学べる研究成果が必要だと思います。

第5章　ひきこもりへの支援制度と医療

★福祉の支援

ひきこもりへの支援を求める時、厚生労働省のホームページ(20)では、相談窓口として、

① ひきこもり地域支援センター（都道府県と指定都市に設置中）

② ひきこもり支援ステーション（市町村に設置中）

③ ひきこもりサポート事業（自治体に設置中）

を紹介しています。

どこに連絡したらいいかわからない時は、これらの相談窓口に連絡をして相談をすることから始めます。この①から③だけでなく、図5にあるように、社会福祉協議会でも、高齢者を支援する相談窓口でも、保健所でも、民生委員でもよいので、とにかく連絡します。すると、適切な担当につないでくれます。

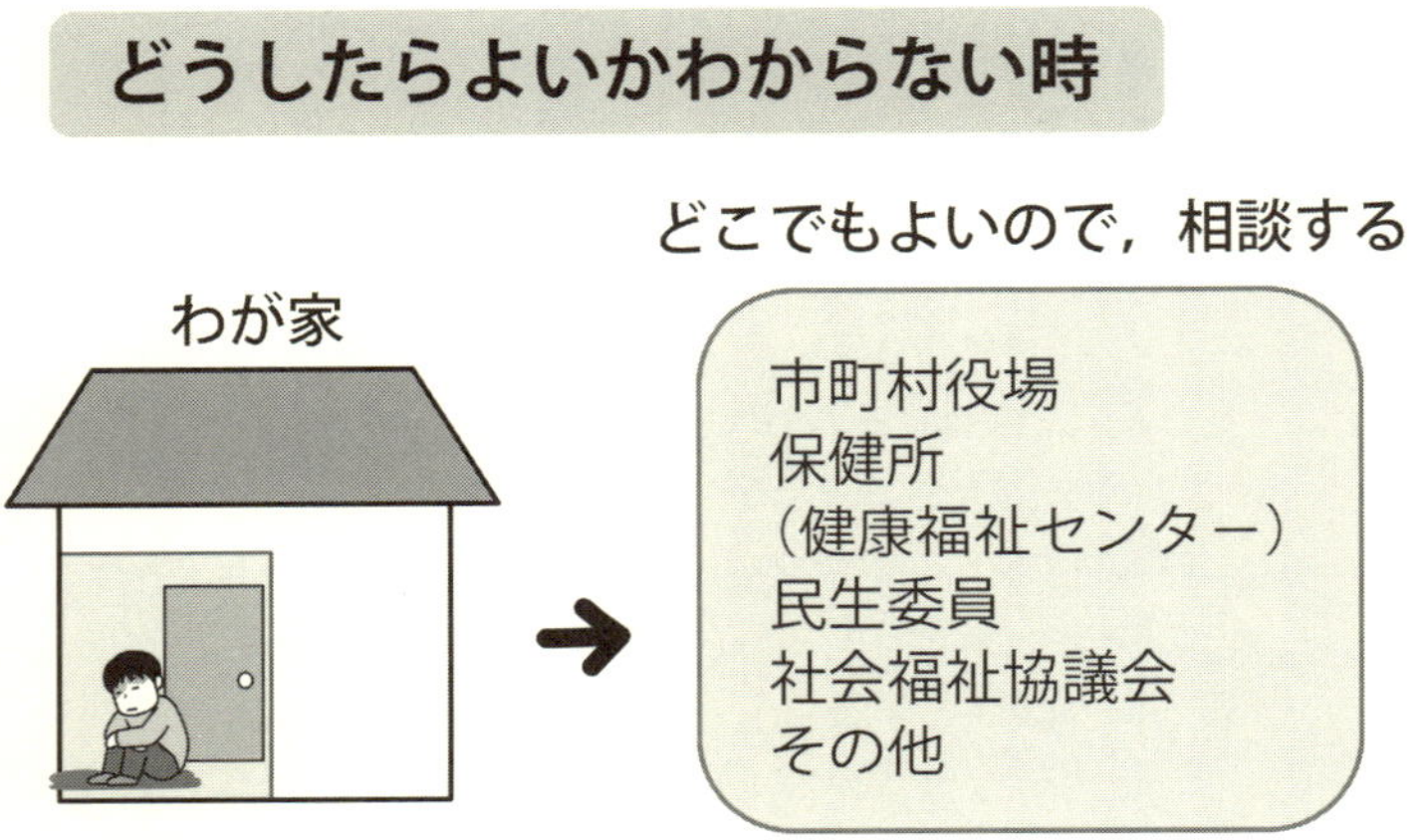

図５

公的支援と言っても、地域によってどのような支援制度を作っているかは違います。市役所等に電話をかければ担当者につないでくれます。担当者は、その自治体にある制度などを紹介してくれますので、必要に応じて窓口を訪れます。家庭訪問をしてくれる地域もあります。筆者も、地元の市で「ひきこもりの方々への訪問支援」を行っています。

相談者は今までの経験から「行政に相談しても何もしてくれない」と思いがちですが、そんなことはありません。何に困っていて、何をしてほしいのかを伝えます。たとえば

・本人が病識がない。受診につなげたいができない。

・家族に暴力をふるうので困っている。どうしたらいいかわからない。

・何十年も親が送金してアパートに住まわせていたが、親も高齢になり、これ以上送金できないのでなんとかしてほしい。
・兄弟が経済的援助をしてきたが、いつまでも続けられない。なんとかできないか。

事例●親が高齢化し面倒を見てもらえなくなったタロウ（男性・50代、仮名）

タロウは母親との2人世帯です。自室にこもりがちなタロウを、今まで80代後半の母親が食事や洗濯などの面倒を見てきました。収入は母親の年金だけです。タロウは、精神疾患が疑われましたが、「自分は病気」という意識がなく、通院はしたことがありません。時々、母親への暴力もありました。母親が転倒して自力での歩行が困難となり施設に入居したので、母親の年金は母親の施設費用にあてるため使えなくなりました。仕方なく近くに住む叔父が時々面倒を見ていました。タロウ自身は一切の公的支援を拒否して支援者に会おうとしません。しかし叔父も高齢で「これ以上面倒を見るのは無理」ということで、母親の面倒を見ていた包括支援センターを通じて自治体に電話が入りました。

自治体の担当課は、包括支援センターやタロウの叔父等から事情を聞きとりました。保健所（健康福祉センター）と相談をして、「このままでは、経済的支援もなくなり、タロウの生命の危機が予測され、緊急性がある」と判断しました。それで、支援会議を開き、タロウを措置入院[21]させようということになりました。当日、できれば顔見知りの叔父が精神病院まで連れていく、無理ならば行政職員が移送するということを決め、当日は叔父がタロウを説得し、精神病院に連れていき、措置入院となりました。

タロウは入院治療を受けました。その後、生活保護が決まり、退院後は、グループホームに移り、安定した毎日を送っています。

次のような支援制度があります。

★自立支援医療制度

自立支援医療制度[22]は、精神医療を続ける必要がある方の通院医療費の自己負担を軽減するための公費負担医療制度です。公費で医療費の一部を負担してくれる制度です。対象となるのは「外来での診察」「投薬」「デイケア」「訪問看護」などです。入院した時の医療費は対象となりません。対象者は、継続した治療が必要な疾患です。継続した治療が必要と医師が判断し、自治体が認めた場合に受けることができるので、申請者全員が受けられるわけではありません。精神障害（てんかんを含みます）により、通院による治療を続ける必要がある程度の状態の方が対象となります。納税額などでさまざまな規定がありますが、一般に公的医療保険で3割の医療費を負担している場合は1割に軽減されます。

自立支援医療を利用するには、自治体への申請が必要です。

★精神障害者保健福祉手帳

精神障害者保健福祉手帳は、一定程度の精神障害の状態にあることを認定するものです。精神障害者の自立と社会参加の促進を図るため、手帳を持っている方々には、さまざまな支援策が講じられています。

この手帳の対象者は精神障害により、長期にわたり日常生活または社会生活への制約がある方です。対象となるのはすべての精神障害で、次のようなものが含まれます。

統合失調症	ウツ病、そううつ病などの気分障害	てんかん　薬物依存症
高次脳機能障害	発達障害（自閉症、学習障害、注意欠陥多動性障害等）	
そのほかの精神疾患（ストレス関連障害等）		

精神障害者保健福祉手帳を取得するためには、初診日から6ヵ月以上経過している必要があります。初診日から6ヵ月以上経ってから市区町村窓口で診断書の用紙をもらい、主

表４　精神障害者保健福祉手帳の等級

１級	精神障害であって，日常生活の用を弁ずることを不能ならしめる程度のもの
２級	精神障害であって，日常生活が著しい制限を受けるか，又は日常生活に著しい制限を加えることを必要とする程度のもの
３級	精神障害であって，日常生活若しくは社会生活が制限を受けるか，又は日常生活若しくは社会生活に制限を加えることを必要とする程度のもの

治医に診断書を書いてもらい、市区町村窓口に書類を提出します。

手帳の等級は1級から3級まであります。

★障害年金

一定程度の障害があると判断された方は、障害年金を受給できます。障害年金には「障害基礎年金」と「障害厚生年金」がありますが、どちらになるかは『初診日』（障害の原因となった病気やケガで初めて医師の診療を受けた日）に加入していた年金の種類によって決まります。

障害年金の金額は年度（4月から翌年3月）ごとに変わります。障害年金は非課税のため、老齢年金のように所得税や住民税を控除されることはありません。

障害年金は、原則初診日から1年6ヵ月を経過しないと申請できません。

表５　障害基礎年金の金額（2024年度）

障害等級	金額
１級	1,020,000円（月額85,000円）
２級	816,000円（月額68,000円）

○障害基礎年金(23)

障害基礎年金は、①国民年金加入中に初診日がある人（自営業者、無職の人、学生、厚生年金保険に加入している配偶者（会社員など）に扶養されていた人など）、②20歳前や、60歳以上65歳未満（年金制度に加入していない期間）で、日本国内に住んでいる間に初診日がある人、が受給できる障害年金です。

障害の程度が重い方から1級、2級となります。障害厚生年金と違い、3級や障害手当金はありません。

なお『初診日』が20歳前にある人は、本人の所得による制限があります。

○障害厚生年金(23)

障害厚生年金は、厚生年金保険加入中に初診日がある人（会社員など）が受給できる障害年金です。障害厚生年金（報酬比例の年金）は、人によって金額が違います。その人の平均標準報酬額（厚生年金保険料の計算の元となる額）や厚生年金保険に加入していた期間などによって年金額が変わります。（一般的には、給与が高く会社勤めの期間が長い人ほど年金額が多くなります。）

★医療につなげる

ひきこもり者で家庭訪問を受け入れていても、医療は拒否している方もいます。聞くと「自分は病気ではない」「ただ怠けているだけだ」「精神の薬など怖くて飲めない」などの理由から受診したくない方もいますし、「病院などで知らない人と会うことが不安」という方もいます。

受診するとどんなメリットがあるのかを見ます。

○受診のメリット

医療はその方の困っていることや、特性である障害や病気を診断してくれます。それはたとえば、「知的障害がある」とか「発達障害がある」とか「ウツの状態である」とか「強迫性障害である」とか専門家として判断をしてくれます。ひきこもりの方が医療につながることで得られるメリットには次のようなものがあります。

・「今までできなかったのは自分が怠けているから」と思っていたが、「自分の努力不足ではなく、障害（病気）のせいだったんだ」と納得でき、気持ちが楽になることがある。
・障害の手帳を所持でき、障害者枠で一般企業に就職しやすくなることがある。
・障害が一定の条件にあてはまる場合は、障害年金を受給し、経済的に安定することがある。
・診断されたことで、訪問看護師や訪問ヘルパーやその他の福祉サービスを受けられるようになり、普段不安に思っていることを聞いてもらえたりして助かることがある。
・薬を処方されて、効果があるとつらい時間が減る。または症状が改善されることもある。
・医者やその他の専門家の意見を聞くことができて、助かることがある。
・受診などで定期的に家の外に出たり、家族以外の人とのつながりがもて、行動範囲が広がる。

★服薬を拒否する方は少なくない

受診は承知しても「薬は飲みたくない」と拒否する方が少なくありません。「薬を飲むと余計にひどくなる」「薬に頼らねばならない体質になる」と恐れ、薬を避けているようです。

しかし薬による効果は軽視できません。それまで長年症状に苦しんできた方が、受診して服薬し、半年後には明るい気持ちをもてるようになるところまで変化する例をいくつも見ています。支援者や家族はあきらめずに受診を勧めてほしいのです。また、「受診はするが服薬は拒否」という方には、脳のしくみや薬の働きなどを、わかりやすく本人に説明することで、服薬につながることもあります。

一方、診察は初回こそ丁寧ですが、それ以降は3分診療とか言われ、診察時間は短くなるのがほとんどです。しかしその3分診療を受けているだけで治療ができるわけではありません。ですから薬の果たす役割は大きいと考えます。精神疾患などの場合は、診療だけでなく、カウンセリングと服薬とリハビリのこの3つを効果的に使うことで効果が出やすくなると考えます。

また、薬の効果はすぐには出ないことが少なくありません。これについては、医療関係者と連携して、服薬の大切さとともに、効果はすぐに出ないことなどをひきこもり者がわかるように説明してもらうなどが必要となります。

第6章　ひきこもりの支援の終了

★医療を拒否する方をどのようにして医療につなげるか

支援者が受診を勧めた時、ひきこもり者の困り感が強い場合は、苦しさをなんとかしたいと積極的に受診に行くこともあります。しかし多くの場合は、「行きましょう」「はい」とはなりません。もともとひきこもり者は外出したくないのですから、断られることが少なくありません。

そんな場合はどうしたらいいのでしょうか。これもそれぞれの方で違うようです。

後に述べるように、精神障害があり、それの程度で障害年金が出ることもあることを、ひきこもり者に説明し、医療の場面に導くこともよくあります。

事例●信頼関係の後、医療につながったチトセ（女性・28歳、仮名）

10年間ひきこもったチトセに初めて会ったのは、チトセが26歳の時。毎日、手洗い行動の他、確認行動などの強迫症の行為に疲れ果てていました。家を出るのもつらく、受診どころではなかったのです。筆者への態度は、遠慮がちでした。しかし毎週自宅を訪問した結果、筆者を家族以外で一番信頼できる人と認識してくれるようになりました。

人と会うのがつらいようで、勧めても受診はできません。チトセが受診するには相当なエネルギーが必要だったようです。しかし筆者の今までの経験から、今後何年経過しても、この状態のままで、自然に治ったりしないと推測できました。

家庭訪問を続けていく中で、「受診と服薬の必要性」を説明してきました。訪問を始めて1年後、筆者も付き添い、精神科受診につながりました。

チトセは、医療につながることにより、信頼できる医者や医療スタッフを得ることができ、また精神科でカウンセリングを受けることにより、カウンセラーのことも信頼しました。チトセは受診前では家族以外は筆者としかつながっていなかったのですが、受診後はチトセと社会との「つながりの糸」が複数に増えています。

ひきこもり者との信頼関係を構築するのには、長い時間が必要なこともあります。福祉や医療や地域とのつながりが大切であることを、途中であきらめずに本人に説得・説明を続けることは大切なことです。

★つながりの糸

下の図6はひきこもり者の社会との「つながりの糸」を描いたものです。

22ページの斎藤氏の模式図（図1）の通り、ひきこもり者はどこともつながっていませんが、支援を受けて医療や地域とつながっていくにしたがって、社会との「つながりの糸」の本数が増えていきます。そうすることで、気持ちも安定していきます。たとえ、どこかのつながりで嫌なことがあっても、他の

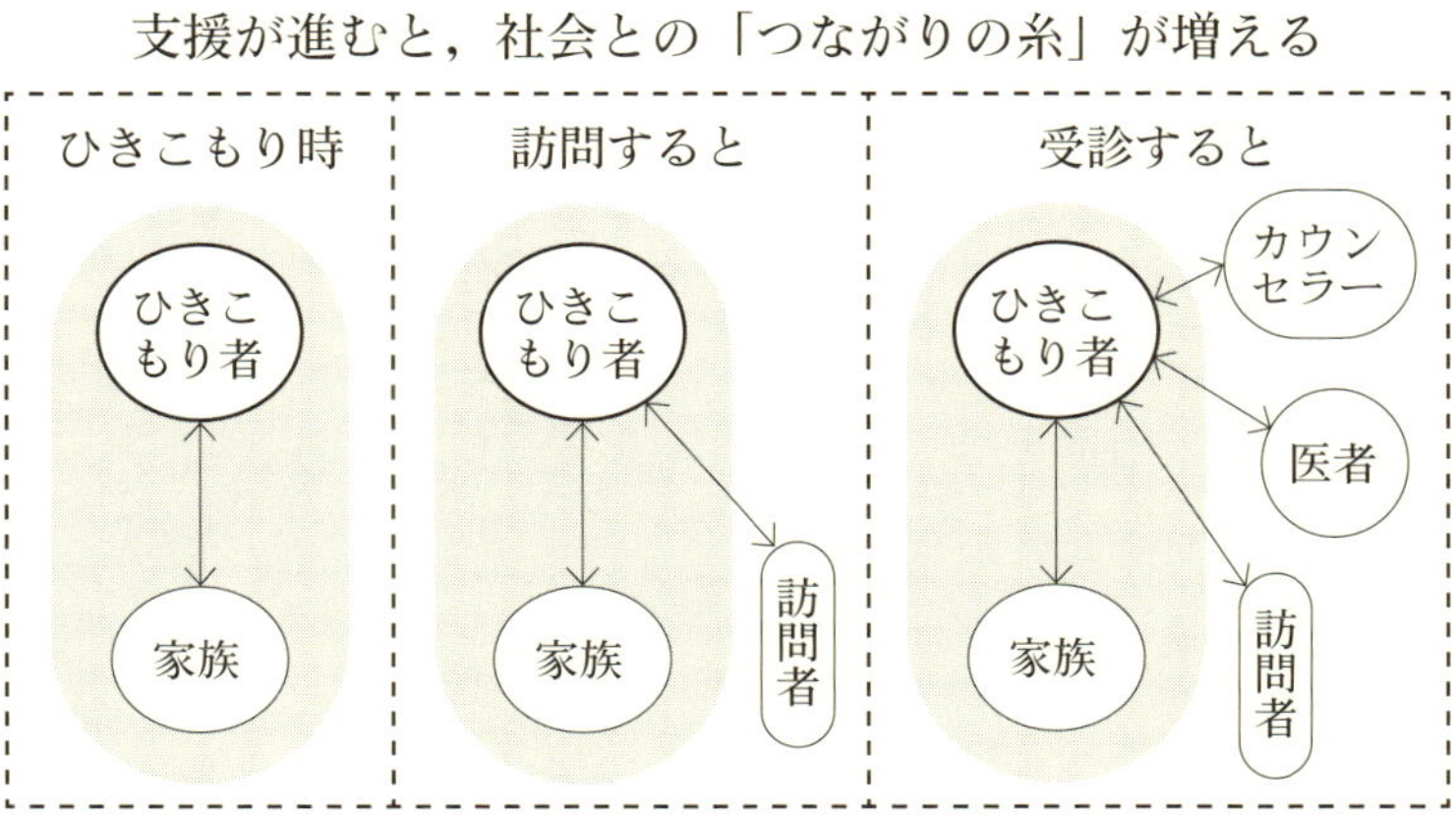

図6

つながりの糸があるので、逆戻りにはなりにくいのです。医療とつながったり、施設とつながったり、地域とつながったりすることは大切なことです。

★どこが目標地点か、どうなったら解決か

ひきこもりの公的支援などでは、家族との面接や自宅への訪問が支援の中心になると思います。この場合「どこに向けて支援を進めるか?」「どこが最終目標か?」「どうなったら支援をやめていいのか?」という、最終目標、将来像はなかなか描くことが難しいと感じています。

最終地点はみなそれぞれではありますし、理想通りにはなかなかいきません。筆者が今までの支援をしてきたケースでも、全部のケースで納得いくような最終地点に到達したというわけではありません。しかし、いちおう支援を終結したケースとはどんなケースで、どんなふうになったら、支援を終結したのかを紹介します。

★支援を終結した例

事例●家庭の事情でひきこもったケン（男性・22歳、仮名）

親からの依頼でケンの家を訪問しました。ケンは特に障害が潜んでいるとかは感じられませんでしたが、親の離婚など家庭環境のためか中学を卒業することなく家にひきこもったようでした。ケンは最初の訪問からフレンドリーで、「何でひきこもっているのかな?」と思うくらい明るく、特に問題は感じられませんでした。生活を聞くと一日中ゲームだけをしている生活でした。外出は嫌がりはしませんが、自分から外出することはできないようでした。

そこで、外の生活を思い出すように、同じような年代の若者と一緒に、月1~2回程度ですが「花見」や「海」「ハイキング」「輪投げなどの軽スポーツ」「菓子作り」「ボランティア」に連れ出しました。次第に他の若者と一緒に「会社見学」にも参加するようになりました。

1年経過後、自分から近所のリカーショップの店員のアルバイトを見つけてきました。最初は週数日に夜だけ4時間の品出しや店番をして、月4~5万円の収入を得ていました。その半年後には時間も日数も増やして10万円以上の収入を得るようになったのです。ゲームはまだ楽しんでいますが、もともともっていた〝明るくフレンドリー〟な力が社会に出る力となったと判断して、10万円を稼ぐようになった頃に支援を打ち切りました。

このケースは、もともと育った環境から社会に出るチャンスを失ったので、社会に出ることを少しずつ体験してもらい、経験を経て実力を出せるようになったケースです。

事例●自閉症傾向のあるタケル（男性・23歳、仮名）

ひきこもり者の中には自閉症の傾向がある方も少なくありません。

タケルは、幼少時は無口でしたが、昆虫の観察やその図鑑などに興味が集中し、多くの時間を過ごしていました。しかし高校生頃から自分に自信がもてなくなったようで、欠席することも多くなってきました。それでもなんとか高校を卒業して、親の紹介で就職しましたが、人との関係に気疲れするのか、ある時から職場に行かなくなり、ひきこもるようになったのです。20歳頃までは家族とも少々の会話（というよりやりとり）はありましたが、家族以外とはほとんど会わない生活をしていました。表情は暗く、自室にこもっていることが多く、世間話などはほとんどしていないようでした。やっと会えた時に「なぜ外に出ないの？」と聞くとタケルから出た言葉は「人の中にいるとつらい。このままほっておいてくれ」と筆者との面談も苦しそうでした。

今までも発達障害の傾向はあったと推測されましたが、成績がよかったためか、今までに受診はしていません。両親がなんとか説得して受診し、20歳の時に自閉症スペクトラム障害と気分障害の診断を受けました。その1年半後に障害の手帳を申請し、精神保健福祉手帳の2級を取得して、障害基礎年金を月に約6万5000円受給することが決まりました。親はタケルに貯金2000万円と家を残す予定にしています。現在は就労継続支援B型事業所（作業所）を利用していますが、話すことはほとんどなく、休みがちです。親は「役所や施設の人とつながっているし、無駄な買い物は一切しない子だし、これで生きていける目途がついた」とひとまず安心しており、家族からの希望もあり、このあたりで終結しました。

事例●言葉での説明の理解が難しいオサム（男性・30歳、仮名）

オサムは、真面目な性格で、大学を卒業しましたが就職が決まらずにいました。家にひきこもり、外出はほとんどしなくなっていきました。発達障害の特性が見られたので、受診したところ、精神保健福祉手帳3級を取得しました。就労継続支援A型事業所の福祉工場などで働いたこともありましたが、同僚からの説明を理解していないままに動くので、高額な機械を壊して首になり、家にこもりがちになりました。数年ひきこもった後、就労継続支援B型事業所（作業所）に通い作業をしました。途中で障害者職業センター(24)で支援を受けることになりました。そこで適正テストを受け、オサムは「言葉での説明理解に困難がある」とわかりました。それで「言葉だけの説明は理解が難しいので、図や字を書いたもので説明する」「ゆっくり説明する」ことを重点的に訓練しました。

就労のための訓練を受けて1年後、ハローワークを通して、一般企業の工場に障害者の枠で採用されました。前回の福祉工場の時はなかったジョブコーチ(25)がつき、支援を受けながら働くことになりました。その結果、真面目に継続して働けています。

一日中同じ仕事を続けることがオサムの特性に合っていたと考えられます。最初は一日4時間勤務でしたが、現在では正規職員と同じ時間働き、最低賃金をもらっているので、親は安心しています。

このケースは、工場で働き始めても面談を続けましたが、6ヵ月経過後に終結としました。

事例●菓子作りが得意なミサ（女性・35歳、仮名）

ミサは中学校2年の時から不登校で、それ以来家にいます。不登校の原因は人間関係が苦手ということです。家から出にくいのですが、菓子作りが得意で家族のためにケーキを焼いていました。ユーチューブを見て、見様見真似で作っていましたが、次第にお店のケーキと遜色なく作れるようになりました。頼まれて、親戚や親の知り合いなどからの注文も受けるようになったのです。ラッピングにも気を配り、おしゃれな雰囲気なので、プレゼントやお土産などにも人気が出てきました。その後評判を聞いた喫茶店など3店から「毎週決まった数を搬入してほしい」とまで言われるようになったのです。

親は、「このまま菓子作りばかりしていていいのかな」という思いがありましたが、親とミサと支援者が相談をして、「菓子作りを仕事にしてみよう」ということになりました。店を持つのではなく、喫茶店やレストランに卸すという形態です。

商品として販売したいということを保健所に相談すると、①必要な資格（7時間ほどの講習会を受けて「食品衛生責任者」を取得すること）、②施設面（自宅の台所の他に製造用の台所を作ること）、などが必要だとわかりました。

ミサは外に出て講習を受けることはしたくなかったのですが、思い切って講習を受けて「食品衛生責任者」となりました。また施設面では親が改装費用を出して自宅の一部に菓子製造用の台所を作りました。

現在は5ヵ所ほどの店にケーキ類を卸し販売しています。喫茶店では「MISAスイーツ」というネーミングで販売されて、味も好評のようです。今のところ、ケーキの配達は母親の運転で行っていますが、母親も高齢になってきたので、ミサは「自分で配達できるように、今年中に運転免許を取得する」と決心をしています。

このケースは、店にケーキ類を卸すようになってからも、支援は今までより間隔をあけて訪問していましたが、それから3ヵ月後に終結としました。

○福祉的就労について

もし、ひきこもり者に障害の可能性があれば、福祉的な就労という可能性もあります。これらは、障害者総合支援法に基づく就労系障害福祉サービスで、障害などにより一般企業への就労が難しい人を対象にしています。

福祉的就労には、通常の事業所に就労するのが困難であり、雇用契約に基づいて就労できる方対象の「就労継続支援A型事業」（最低賃金額以上の給与がもらえる）と、雇用契約を結ばない「就労継続支援B型事業」があります。また通常の事業所に雇用されるのが可能だと見込まれる方に対して就労への支援を行う「就労移行支援事業」があります。どれが適切な場所かは、事業所がどんな作業をしているのか、またどのような支援をしてくれるのか等、それぞれの施設の特色や、ひきこもり者の特性によっても変わります。

福祉的就労で得られる収入（B型は雇用契約を結んでいないので工賃と言います）は、就労継続支援A型事業所は全国平均で月額8万3551円で、時給にすると947円になります。A型は最低賃金が保証されています。（最低賃金が変更されるとA型の賃金もそれにつれて変わります）

また就労継続支援B型事業所の全国平均工賃は月額1万7031円とたいへん少ない収入です。前述（77ページ）の障害基礎年金2級の月額6万8000円とB型事業所の工賃の収入だけでは、暮らしていけません。親の支援がなくても暮らしていける収入が保証されるべきと考えます。

★ひきこもりの支援をやめる時期は慎重に

「ひきこもり」の定義は人によりさまざまであるし、その時の事情や本人の自立度や意欲により違いはあります。しかし、行政等が行っている支援には「ここまで達したら『ひきこもり支援』はやめる」という基準

表6　障害のある方の就労（2022年度）

就労の種類	就労場所	雇用条件(金額は年度で変化します)
一般就労	公共団体や企業などの一般企業	雇用契約を結び，労働条件や環境は障害のない人と変わらない
福祉的就労	就労継続A型事業所	雇用契約を結び最低賃金が保証されている 全国平均賃金　月額83,551円
	就労継続B型事業所	雇用契約は結ばない 全国平均工賃　月額17,031円

を設けなくてはならないという事情もあります。

「ひきこもり支援」の定義も多くの考え方があります。支援せねばならぬ対象者の数が多い場合は「自室から出て、親と話をして、時々外出したら支援を終結とする」と決めている自治体もあるのかもしれません。また、「障害者の就労施設に通うことになったら終結」「医療機関に受診をしたら終結」と決めているところもあるかもしれません。

事例●不適切な時期に支援を終結し、状態が悪くなったマナミ（女性・30歳、仮名）

筆者には苦い経験があります。その時、訪問支援者として働いていました。対象者はひきこもりのマナミです。1年以上訪問をして筆者との関係もでき、精神科クリニックを受診するようになりました。すると、「受診につながったので、ひきこもり支援は終結してください」と所属団体から言われたのです。受診後も2ヵ月間は訪問して、その後に心を残しながら支援を終了しました。その後マナミは受診を続けていましたが、半年後通院していたクリニックスタッフの一言で傷つき、クリニックに行かなくなり、その後はより重篤な状態でひきこもることになりました。再度訪問を再開しましたが信頼関係が崩れ、筆者も会えなくなってしまいました。

この苦い経験から、「ここまでできたら、『ひきこもり支援』は終了で、次は『障害者支援』に引き継ぐ」という所属団体の決まりは、早計すぎると感じています。今まで何年か受診せずにいたのを「ひきこもり訪問支援」が始まり、人間関係ができて、やっと受診ができるようになったのに、ひきこもり支援はそこで終結では、いつ後戻りするかわかりません。それで、ひきこもり支援は、訪問回数を徐々に減らして間隔を伸ばす形で1年間くらいは見守る必要があるだろうと考えています。

★ひきこもりに特効薬はない

ひきこもり者の親御さんから「うちの子のような例の対応策のデータベースはないのですか？」と聞かれることがあります。はっきり言ってそういうものはありません。科学で大切なことは、「同じ働きかけをしたら、同じ結果が出る」「蓄積された多大なデータベースからソリューションを出すことができる」ことかもしれません。しかし人間を取り巻く条件は単純ではありません。

人間の育ってきた環境は人により違います。ひきこもり者の数だけある特異な環境です。それで構築された人格ですから、同じような出来事があっても、反応の仕方、能力なども各自で違います。それらの条件がからみあってできているのが人間です。一定の傾向はあるかもしれませんが、科学のように「同じ働きかけをしたら、いつも同じ反応が返る」ということはありません。ですから支援の方法も人数分あるわけです。

「こう働きかければ、こうなって自立する」なんてことはあり得ないのです。はっきり言って、ひきこもり者が自立するまでは年単位の期間が必要です。特にひきこもってからの年数が長いほど、自立までの年数はかかると考えられます。家族にはその年数を覚悟してもらわねばなりません。

★自立まではいくつもの階段がある

ひきこもりの方のご家族と話をすると「いつ頃働けるようになるでしょうか？」という質問を受けることがあります。親御さんは「今は私たちがいるからいいけど、私たちがいなくなってからどうなるか」心配になり、いつもそのことが不安で仕方ないことでしょう。だから、こんな質問をするのだろうと思います。心配のあまり、ひきこもっているわが子に、「そろそろハローワークに行ったらいいと思う」とか「親戚のおじさんが、仕事を紹介してくれてるが、一緒に見に行かないか」などと声をかける方もいます。でもそれは見当違いの働きかけだと思います。それはまだ歩けない赤ちゃんにスキーを教えるようなものです。自立までは、まだまだ階段を上っていかなくてはならないのです。

事例●自立までの階段を着実に上り続けるリョウタ（男性・35歳、仮名）

リョウタは高校を卒業していくつかの仕事を経験してきました。仕事を辞めた理由は上司との人間関係が悪かったためです。リョウタはおとなしく、上司から叱られてもなかなか言葉が出てこず、それで余計に馬鹿にされたりして、最後は我慢できずに退職してしまいました。家にいて、しばらくすると父親が知り合いなどに頼んで仕事を探してきます。そのたびに父親と一緒に見学に行き、そこで働きますが、1年未満で退職するということを繰り返してきました。最後に勤務したのは30歳の時でした。それから5年が経過しました。この間、父親は親戚の人や知人に頼んで仕事を探してリョウタに紹介していましたが、リョウタはもう返事もせず、自室に閉じこもりました。

この5年間、リョウタは一切父親とは話をしていません。母親とは短いやりとりはしますが、込み入った話はしません。好きな時間に起きてきて、台所にある食べ物を適当に食べて、すぐに自室に引き上げてしまいます。家の中で父親に会いそうになると、すぐに自室へと引き上げてしまいます。自室ではパソコンを見ているようだと母親は言います。

この時点で両親が相談にみえました。この時、両親は60代になっていました。リョウタの事情を話して、父親が「それで、リョウタはいつ頃働けるようになるのでしょうか」と聞いてきたのです。筆者は「ええ! リョウタさんは、この先、まだまだいくつも階段を上っていかなくては働くなどできませんよ」と伝えました。が、両親は意味がわかりません。そこで図を描いて説明をしました。

「100段くらいある階段の、リョウタさんは今、1段目くらいですよ」と言われてショックだった両親ですが、その3年後に、リョウタは働き始めたのです。

階段のレベルの例をあげてみます。

3年前のリョウタは「自室に閉じこもり、父親を避けており、母親とは短いやりとりがある」段階です。そこから階段を上るために、両親は着実に対応を変化させていったのです。それで、リョウタも着実に変化をして、働きに出られるようになったのです。そのために、両親が行った行動の変化を紹介します。(◇はリョウタの変化)

・父親は仕事の話はまったくしないようにした。

・父母は家の中で会うと笑顔で「おはよう」とか「やあ」とか「いい天気だね」「今日は寒いね」とか、一言話しかけた。

◇この後しばらくしてリョウタは、家で父と遭遇しても逃げなくなった。

図7　リョウタの自立に向かう階段

※階段の内容は人により違ったり，
入れ替わったりします。

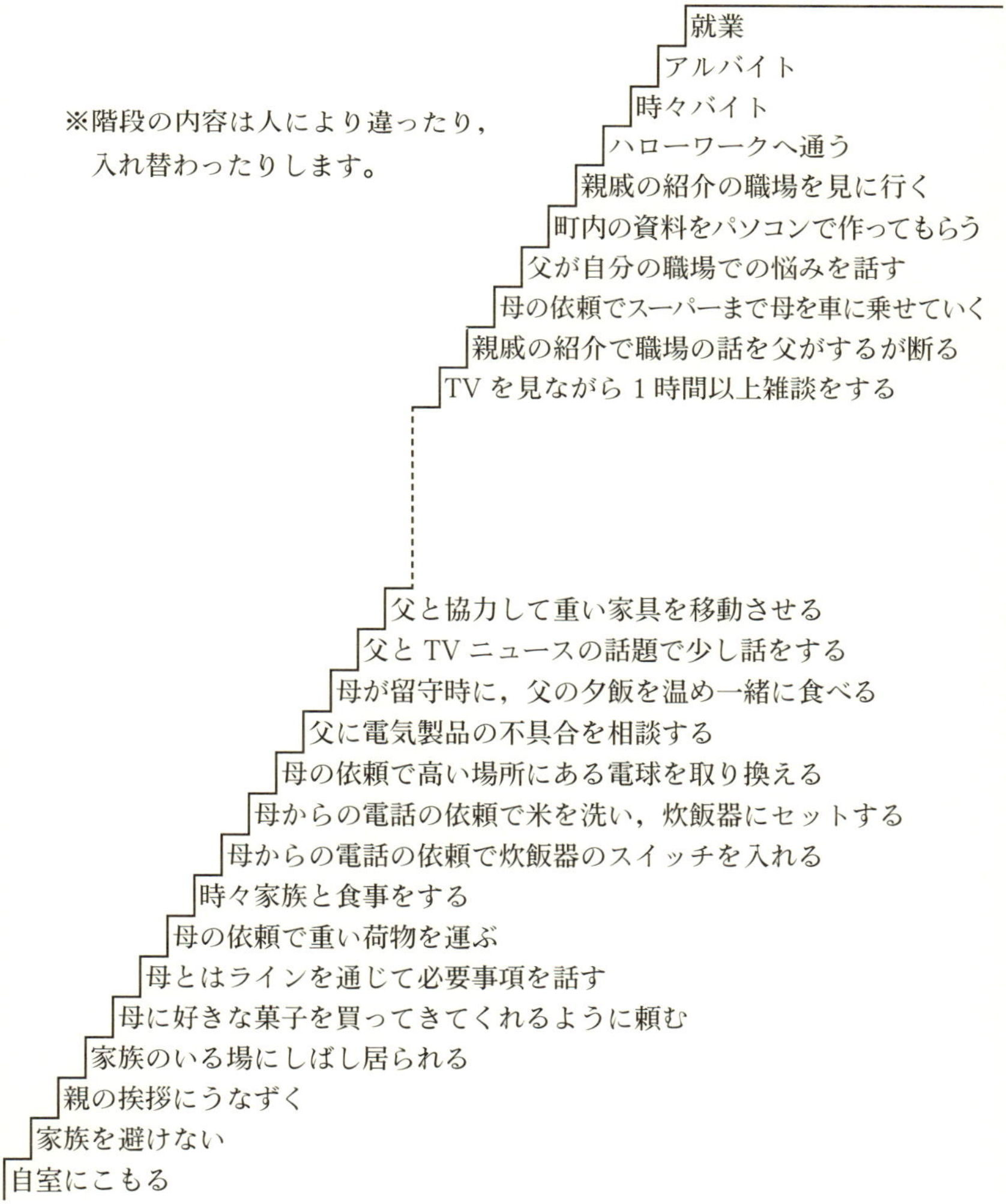

・母親は買い物の時、リョウタに「お菓子、何を買ってくる?」などと声をかけるようにした。
・リョウタのことを些細なことでも誉めた。「いい顔色だね」「階段の電気を消してくれて助かった」「洗濯物を裏返しに出さないから、お母さん助かっている」など、通常なら誉めないことまで誉めた。
◇リョウタは時間が合えば、家族と一緒に食卓につくようになった。
◇食卓でTVを見ながらニュースの話題に言葉を交わすようになった。
◇今までなかったが「○○を買ってきて」と菓子の名前を言って注文するようになった。
・リョウタがニュースを話題にして一言二言発言した時、父親は「リョウタはいろいろと詳しいね」と誉めた。
◇それ以降、次第にニュースについてのリョウタのコメントなどの言葉が増えていった。
◇今まではなかったが、パソコンの故障や部品の購入について、父親に質問することがあった。
◇電気製品が不調になった時、父親に相談して、一緒に見たり修理をしようとしたりするようになった。
◇TVのニュースについて、1時間以上家族で話題にするようになった。

・父親は、自分より若い上司への不満など、職場での自分の悩みの話題を食事の時にするようにした。
・父親は親戚から紹介された仕事の話をした。（3回）
・紹介した仕事について返事はなかったが、そのまま返事の催促はしなかった。
◇3回目の仕事の紹介をした時に、父親が「1回見に行くか?」と言うとリョウタは「うん、わかった」と返事をした。見学はしたが、リョウタが断った。

2年後、リョウタはまだ就職まで到達していませんでした。しかし、2年間ここまで階段を上ってきました。これは両親がサポートはしましたが、リョウタが自分で上った実力だと言えます。この1年後、リョウタはパートですが働き始めました。

時間はかかりますが、家族の対応の変化で、リョウタのように着実に階段を上ってくれば、しばらくしたら社会に出られると筆者は予測しています。

第7章　ひきこもり者がなりやすい強迫性障害とＰＴＳＤ（心的外傷後ストレス障害）

★強迫性障害に向き合う

強迫性障害は、ひきこもり者がなりやすいと言えます。一度、強迫性障害になると、完治するのはかなり困難だと言えます。強迫性障害に取り組む事例を紹介します。

事例●手洗いから外出に支援を変えたサクラ（女性・28歳、仮名）

サクラは高校2年生の時不登校からひきこもり、その頃から手洗い行為をするようになりました。サクラはもともと正義感が強く、校則などをきっちり守りたい生徒だったようです。清潔行為は、自分が排便をした後に何回も手洗いをしたのが最初でした。

次第にエスカレートして、10年後には、一日に何回も湯沸かし器のお湯で肘の上まで洗うようになりました。ひきこもっている間に、不安が高まっていったようです。肘の上まで赤くただれており、皮膚が破れて出血していました。

母親によると、泡の液体石鹸の使用量が多く、ダンボール箱で買っているということでした。また家族にも、外出からの帰宅時や居間に入る前に手洗いをさせているということでした。

サクラが25歳の時、母親からの依頼で、家を訪問しましたが、不安が強いためか、外出もできず、筆者とは会えませんでした。それで、筆者は訪問時には玄関に座り、サクラは隣の部屋に座り扉越しに話をしました。1年間は毎週1回訪問して、玄関先でサクラの話を聞いてきました。

最初は3分程度の扉越しの面談も、次第に30分を超えることもあるようになりました。内容は、サクラの生活の中のエピソードや家族のことです。

サクラは受診もしていませんし、もちろん服薬もしていません。潔癖なところもあり、薬を飲むことには嫌悪感をもっていました。筆者は強迫性障害を疑い、受診と手帳取得と年金申請を勧めました。しかし、サクラは「こんな病気でもなく、外出できるのに怠けて外出していない私が年金とかもらうのはおかしい」と受診や服薬に拒否感を表していました。

筆者は3年目には、受診のために外出を勧めてみようと計画をしました。計画とは、今までとは反対に、手洗いについては気にしないようにして、外出だけに集中するというものでした。「今日は玄関を1歩出る」などと計画を立てましたが、不安が湧き1歩も出られません。そこで、外出に挑戦してもらうため、強迫性障害についての説明をすることにしました。

次は説明の内容です。

強迫性障害の方の予想される将来の内容

・「強迫性障害は、放っておけばそのうち治る」ことはほとんどない。
・このまま30代、40代、50代になっても家から出られないでサクラは年を取る。今、50代の親も60代、70代、80代になり、サクラを扶養できなくなる。
・最終的には扶養してくれる家族もいなくなり、「収入のないサクラをこのままにしておくと、生命の危険がある」と判断されて、公的機関が精神病院に移送して措置入院となる。
・入院治療が行われ、入院中に生活保護受給者となり、地域のアパートやグループホームで生活する。

このような説明を何回もして、サクラはやっと「外出、受診、治療、服薬」を承知してくれました。その後、サクラは外出が可能になるまで1年間かかりました。手洗いはまだしているようですが、筆者が手洗いについてはこだわっていないので、サクラも比較的楽な気持ちで手洗いをしているようです。

外出する気持ちはあるのですが、不安と緊張が高まり、行動できません。それで、比較的簡単にできることをしてもらい、それを何回も繰り返し、慣れてから次のステップを上るという「暴露法」を行いました。最初は外出に大きな緊張を伴っていましたが、3ヵ月後くらいから、慣れてきたようで、不安が少なく外出ができるようになりました。

外出後、治療を受け、現在は障害年金を受給して通院を続けています。まだ手洗い行動は続いていますが、周囲もあまり気になりません。

事例●自分で強迫症に取り組んだユリ（女性・30歳、仮名）　＊インタビューでの聞き取り

ユリの強迫行為がひどかったのは16歳から18歳。現在では強迫行為がまったくなくなったのではありませんが、就職もしており、日常生活に困ることはありません。多くの強迫症の人が薬物療法を受けてもほとんど改善が見られないことから、どうやったのであろうかと思い、ユリの試みを聞きました。

ユリはそれまでも不登校でしたが、次第に不潔恐怖や確認強迫が始まり、強迫行為を行うことで体力も気力もなくなり、16歳で完全に家にひきこもってしまいました。親が精神保健センターに相談に行き、精神科クリニックを紹介されました。当時入浴はめったにしませんでしたが、受診日には、自分のこだわりでシャワーをせねばならず、2時間シャワーを出しっぱなしにして徹底的に洗っていました。そこで薬物療法を受けましたが、特に変化はありませんでした。その後自傷行為がひどく、病院に入退院を繰り返しました。入院先の医師からは薬物療法の他に特に治療の働きかけはなく「気楽に過ごすように」と言われていました。

自分で強迫症改善に取り組んだのは、親から「シャワーが長いからか、ガス代が数万かかって困る」と言われ、それをきっかけに、「なんとかしたい」と考えたからです。まずは外出できなかったことに取り組みました。

ある時、たまたま夜に本屋に出かけ、そこで手に取ったのが、手洗いがやめられないというようなテーマの本だったと言います（購入しなかったので書籍名は不明だが森田療法の神経症の本だったらしい）。

立ち読みして記憶に残ったのが、「変えようとせず、行動だけ変えろ」というようなことだったということでした。ユリは「強迫症を治そうとせず、ただ外出できるようにしよう」と考え、「毎日、近所のスーパーに行こう」と決めました。それでも毎日は行くことができず、半年以上挑戦しましたが、月1回とか2週間に1回とかしかできませんでした。外出が進まないことから「家の中でできることをしよう」と思い、できることを探しました。

まずは「汚いものに触る練習」としてトイレ掃除をしました。トイレブラシでこすり、トイレ掃除ペーパーを素手で持ち、トイレを隅々まで拭きました。最初は恐怖で、トイレ掃除をした日は自傷行為がひどかったのですが、トイレ掃除も3年も経つと、次第に汚い物を触ることに慣れてきて、自傷行為も減りました。この他、家の中でごみの選別や雑巾で床拭きなどに取り組んでいきました。

30歳の今、「強迫行為」がすべてなくなったわけではありません。時々、しつこく手洗いをすることもあります。しかし、日常生活に困るようなことはなく、今も服薬をしていますが、小さな事業所で働くこともでき、医師からは「病名をつけるほどではない」と言われています。

○強迫性障害に関して筆者の考え

手洗いなどはそれ自体が苦しいことなので、なくなれば理想的ですが、薬物療法を受けてもなかなか治らないのが現状です。それで前記のサクラとユリの事例にもありますが、次のように考えることが、ヒントになるのかと思います。

「手洗い」などの強迫行為をやめさせることに焦点を絞らないこと。その根拠は手洗いをしながら仕事に従事している人もいるからです。行為はないほうがよいのですが、やめさせようとすればするほど、罪悪感と不安に苛まれ、苦しさが増して症状が激しくなるからです。

行為をやめさせるより、趣味や外出や就労に目標を設定することで、気持ちが楽になると考えます。強迫行為ではない目標「外出する」も、最初は緊張が強いのですが、人間は「慣れる動物」なので、次第に楽になり、目標に到達しやすくなります。

★ＰＴＳＤへの取り組み

ＰＴＳＤもなかなか手ごわい障害です。症状が軽減した例を紹介します。

事例●ＰＴＳＤに苦しむアヤ（女性・18歳、仮名）

母親に連れてこられたアヤ。不登校になったきっかけをアヤに聞くと、高校1年生の時、女子のグループに体操服をハサミで切られたことだと言います。その時に、信頼していた担任の先生が来たので助けを求めると、担任が「アヤもクラスメートと仲良くするように努力しないといけないな」とアヤが叱られたということでした。

成績もよく正義感あふれるアヤは、それ以来不登校になったのだと言います。アヤは家にいても、一日何回もいじめられた場面を思い出し（フラッシュバック）、苦しい毎日を過ごしていたのです。受診してPTSDと診断されて、服薬をしていたのですが、効果は感じられないようでした。

母親はPTSDにはEMDR(26)が効果があると聞いて筆者（EMDRの治療者だったので）のところに来たのです。2週間に1回のEMDRの面談の時間を取ったことで、フラッシュバックはなくなりました。しかし、すぐには登校の意欲がわきません。それからも、2週に1回の面談を続け、半年後に少しずつ登校できるようになっていきました。

第8章　ひきこもり者とのよい会話法

ひきこもり者の家族には、よい会話ができない場合も多いのです。むしろ「よい会話」が成立しないから、ひきこもりが続いているとも言えます。この章では、よい会話を心掛けることで、家族関係が変わり、ひきこもり者が変わるきっかけになった例を紹介します。

事例●毎日、両親が話しかけることでうちとけ始めたアキラ
（男性・30歳、ひきこもり歴3年、仮名）

アキラは小学生の時、特別支援学級に行っていました。無口で教室でもほとんど話をしないので、友達もいませんでした。母親は担任から「もっと子どもさんと話をしてください」と言われたのですが、話しかけができなかったと言います。

アキラはもともと無口で、ゲームばかりしていたのです。話しかけると親に向かい「うるさい！　ゲームしてるんだ」と怒っていたということです。アキラから話しかけることはめったになく、母親が覚えているアキラから親への言葉は唯一「ゲームのソフト買って」だけだと言います。それからも、母親は話しかける言葉が見つからず、現在でもアキラの頑なな表情から「話しかけるな！」という拒否の気持ちを感じて、話しかけられずにいると言います。

一方、アキラの弟はニコニコしているし、親が話しかけなくても話をふってくるし、親も気軽に話をしていると言うから、話しかけられないのは親のせいとは一概に言えないのでしょう。弟は現在でも、人付き合いがよく、営業の仕事をして良い成績を上げているのだと言います。

このように「話をするように」とか「話しかけてください」とか言われても、実際にはどのようにしたらよいかわからないでいる親も多いようです。

★ひきこもり者への話しかけ方

次の順番で話しかけを進めてください。

○ステップ1　顔つきで判断しない

人を観察するとわかるように、ヒトには、「こちらが拒否されているような険しい顔つき」の人もいるし、「ニコニコして、話しかけても大丈夫と思わせる優しい穏やかな顔つき」の人もいます。実は拒否されているように思われている人のすべてが「話しかけられたくない」と考えているわけではないのです。拒否的な外見や動作でも、人と仲良くなりたいと考えているかもしれません。相手の顔つきで判断してはいけないということです。

○ステップ2　表情で愛を伝える

相手の緊張した険しい顔つきを見ると、思わずこちらも緊張してしまいます。すると相手も、あなたの険しい顔つきを見て、また緊張します。ですから、まずはあなたの最高の「笑顔」を見せることから始めます。まず、相手と顔を合わせる時は、口角を上げて、目じりを下げます。これが笑顔です。それとともに、挨拶をします。

○ステップ3　挨拶する

挨拶とは「おはよう」とか「おやすみ」とか「ごめんね」とか「ありがとう」とかが基本です。その時は必ず笑顔です。

実は、ひきこもり者は、家族が「自分のことをどう評価しているか」をとても気にしています。反対に言うと、「お気楽で、自分がどう思われてもかまわないと思っている人」はひきこもったりしません。学校でも会社でも、周囲の人が自分のことを変だと思っていると感じているからこそひきこもるのです。そう思っていなかったら、学校や会社には行かなくても、行きたい場所に出かけ、やりたいことをやっています。いわゆる「明るいニート」になります。ひきこもりません。

最初は挨拶だけでいいので、はっきりと言葉かけしましょう。

○ステップ４　誉める

「良い点を誉める」ことをお願いすると、多くの父親・母親は、「一日のうち、会うことも少ないし、良いことなどしないから難しい」と言います。子どもが怖い顔でにらんでくるので、母親もおじけづいて話しかけられずにいると言います。

誉める行動がないか、一日の生活を親に聞きます。その中で「誉められる可能性のある行動」を探します。

例
・ドアを静かに閉める　→「いつも静かに閉めてくれてうれしい」
・自室は割ときれいにしている→「あなたはいつも部屋をきれいにしてるね」
・食べた食器を流しまで運ぶ→「いつも食器を片付けてくれて助かる」
・食事を完食する→「一杯食べてくれるので、ご飯の作り甲斐がある」
・痩せている→「いつもスリムでうらやましいね」
・特にない場合→「今日は表情がさわやかだね」「よく眠れたみたいでさわやかな表情だね」「今日はおいしいお肉を買ったから、たくさん食べてね」

〈事例の続き〉両親が話しかけ方を思いつかないと言うので、アキラの一日の行動から、最低、①②③だけはしてもらいました。

① 挨拶する（おはよう、おやすみ）
② 茶碗類を流しに運ぶことを誉める「いつも茶碗を自分で運んでくれるから、お母さん助かるよ」
③ アキラの部屋に掃除機をかけに行った時に「いつもアキラは部屋をきれいにしてるね。偉いね」と声をかける。

結果、2ヵ月後から、アキラは居間にいる時間が増えています。

「泣いた赤鬼」という昔話があります。道徳の教科書(27)にも掲載されています。人間と友達になりたいのに、鬼だからということで友達になれない赤鬼。その赤鬼を、親友の青鬼が悪者になってくれたおかげで、赤鬼が人間と友達になれたというお話です。

筆者はこの話を読むと、不機嫌な顔をしたひきこもりの若者の顔を思い出します。相手の心を外見で判断してはいけませんね。

★ロールプレイで会話法を練習――ロールプレイで受容する会話の練習

ロールプレイとは、それぞれの役割を決めて、会話の練習を行うものです。役割を演ずることにより、他人の気持ちになって考えられたりする効果があります。

『子どもさんと会話をしてください』と言われても、何を話したらいいのかわからない」とよく聞きます。次に紹介するロールプレイを支援者の研修会で行ったり、支援者と家族とで会話の練習をします。これは、具体的に何を話したらいいのかがわかるのと、会話に慣れてもらうのに役立ちます。

○ロールプレイ1

「親役」と「子役」で会話練習をしてみましょう。交代しても行います。笑顔で練習してみましょう。子役は緊張した表情で行いましょう。

返事ができないケース

家族　「おはよう」
子　「………」
家族　「今日の天気、気持ちよさそうだね」
子　「………」

子どもから返事がなくても家族から挨拶をします。子は、急に言われても返事ができません。心の準備ができていないからです。しかし怒っているわけではありません。懲りずに、毎日続けます。

子どもは、「今日は返事ができなかったな。次から返事してみようか」などと思っているかもしれません。

忘れてはならないのは、子が緊張した面持ちでも、家族はニッコリと口角を上げて行うことです。子は家族や他人と話しなれていないので、急に話しかけられても、ニッコリと返す余裕がないと推測されます。

このようなニッコリ挨拶を数ヵ月続けていると、返事が返ってくることもあります。挨拶が返ってこなくてもがっかりしなくてもいいです。返事がなくても、心の中では「今まで話をしてくれなかった親が挨拶してくれた」と、うれしく思っているかもしれません。

または、返事を返してくれる場合もあります。子どもも次第に慣れてくると、笑顔まではいかなくても、緊張がゆるんだり、わずかに頷くようになるかもしれません。わずかな頷きでも、それは立派な返事です。

いろんな設定「今日は寒そうだね」「暑そうだね」「おやすみ」でしてみます。ロールプレイで練習することで、家族も「やってみよう」という気持ちになります。

○ロールプレイ2

基本的な挨拶を続けていくと、少し会話が続くようになったりします。次は返事の言葉は出ていないのですが、やりとりが成立しています。やはり支援者と家族で役割分担してロールプレイしてみます。いろんなバージョンを考えてやってみましょう。家族に「我が家で起こるかもしれない」ことを予測して、いろんな設定を考えてもらいます。

返事がないが、うなずきでやりとりができているケース

家族　「あら起きてきたね。ぐっすり眠れた？」
子　「………」頷く
家族　「今日は寒いね」
子　「………」頷く
家族　「明け方に寒くならない？」
子　「………」頷く
家族　「このふわふわの毛布買ってきたから、あんたの部屋で使って。」
子　「………」軽く頷く

次は少し反応が出てきたバージョンです。

家族　「おはよう」
子　「………」軽く頷く
家族　「ほらほらテレビ見てみ。南のほうでは、線状降水帯の被害で山崩れが起こ

っているよ。怖いね」
子　「ふーん」とテレビをのぞき込む

この会話では、言葉の返事はありませんが、「テレビをのぞき込む」など、家族の言葉に反応した行動を行っていることがわかります。

★反抗的な子どもとの会話のコツ

反抗的な子どもとは、なかなか会話が通じません。そんな時は、東山紘久氏(28)の会話パターンがとても参考になりました。反抗的な子どもともめないのは、親から話しかけるのではなく、子どもからの話に親が応じる会話です。子どもとの会話がうまくかみ合わない場合にはきっと役立つと思いますので、紹介します。支援している家族の関係が悪い場合には、「もめた会話」を聞き取り、アドバイスをするといいですね。

《夕飯で子どもを呼ぶケース》

①　もめた会話の例：親子の会話を「親→子」のパターンでする場合

親　「ご飯できたよ」

子「うーん。ゲームのいいとこ」
親「ほら、冷めるよ。早くおいで」
子「冷めてもいいから」
親「そんなこと言わないで。今日はあなたの好きなトンカツだよ。冷めたらかたくなるよ」
子「いいよ、別に」
親「あなたのために作ったのに」
子「頼んでないよ」
親「そんな言い方ないでしょ。せっかくおいしい肉を買ってきたのに」
子「ほっといてくれ」
親「もう知らない。嫌な言い方ばかりして」
この日、子どもは夕飯を食べなかった。

② もめない会話の例：親子の会話を「子→親」のパターンでする場合（子が話し、それに親が答える）

親「ご飯できたよ」

子「うーん。ゲームのいいとこ」
親「あなたの好きなトンカツよ。冷めるから早く食べて」
子「冷めてもいいよ」
親「わかったよ」
しばらくして、子どもはゲームを終えて、夕食を食べに来た。

《掃除機を子どもの部屋にかけようとするケース》
① もめた会話の例：親子の会話を「親→子」のパターンでする場合
親「あなたの部屋に掃除機かけるよ」
子「今しないでよ。都合が悪い」
親「何言ってるのよ。何もしていないじゃないの」
子「うるさい！　後から自分でするからいいよ！」
親「そんなこと言って、したことないじゃないの！」
子「うるさい！　あっち行け！」
② もめない会話の例：親子の会話を「子→親」のパターンでする場合（子が話し、そ

れに親が答える）

親「あなたの部屋に掃除機かけるよ」

子「今しないで、都合が悪い」

親「わかったよ。じゃあ、都合がよくなったら呼んでね」

しばらくして

子「お母さん、掃除機かけて」

《夕飯》と《掃除機》のケースの①「親→子」のパターンでの会話は、「親が子どものためを思ってしてあげたのに」というものです。それは、うがった言い方をすると「親の思う通りに、子どもの都合を考えずに、動かそうとしている」とも言えます。これではスムーズな会話は成り立ちません。親子共、気分が悪くなります。

関係があまりよくなかったり、反抗的な場合は、②の「子→親」のパターンで会話すると、たとえうまく会話が弾まなかったにしても、最悪の関係にはなりにくいと言えます。

親は「子どものために」と考えているので、「子どもを、自分の思うように動かそうとしている」などとは夢にも思っていないのですが、関係が悪い場合は、今一度会話のパターンを考え直すようにしたらよいかと思います。そのためには、親に子との会話を再現してもらいましょう。

第9章　不登校生徒をひきこもりにしないために
―長期の不登校生徒を再登校へ・ある中学校の試み―

不登校の子どもたちは、小・中・高校の期間を終えると、何割かの子どもたちが、大人のひきこもりと言われる存在になっていきます。つまり、不登校の児童生徒に適切なかかわりをして再登校に結び付けられれば、将来相当数のひきこもり者の人数を減らすことができるということです。

大人のひきこもりは「半年以上」その状態が続いたらという定義があります。不登校児童生徒とは、文部科学省の定義によれば、「何らかの心理的、情緒的、身体的あるいは社会的要因・背景により、登校しないあるいはしたくともできない状況にあるために年間30日以上登校しなかった者のうち、病気や経済的な理由、新型コロナウイルスの感染回避による者を除いたもの」となっています。大人のひきこもりはかなり長く家にこもっているのですが、不登校児童生徒はそれほどひきこもり期間が長くないのです。それは、つまり学校や社会に復帰できる可能性が高いという意味でもあります。

大人の「ひきこもり」者は年々増えていて、増加の原因として小中学校の不登校児童生徒のいくばくかは確実にそのまま家にひきこもるということがあります。

したがって、小中学生の不登校の段階でなんらかの支援をしていけば、それだけ大人の「ひきこもり」者が減ります。「早期発見、早期支援」をすればよいということです。

★ある中学校での試み

次に紹介するのは、筆者と小林の実践(29)です。

不登校も長期になると再登校を促す働きかけは少なくなります。家族も強く再登校を促さなくなります。そして学年が代わると、生徒に会ったことがない教師が担任になったりします。それで、余計に不登校も長くなりがちです。これはある中学校でスクールカウンセラーと相談室担当教員が連携して行った再登校支援です。家庭訪問と学校の不登校生徒のための教室づくりの記録です。1年間の取り組みで7人の生徒が再登校を果たしました。

「不登校」とは文部科学省の定義によれば、「年度間に30日以上登校しなかった児童生徒のうち、登校しなかった理由が、何らかの心理的、情緒的、身体的、あるいは社会的要因・背景により、児童生徒が登校しないあるいはしたくともできない状況にあること（ただし、「病気」や「経済的な理由」、「新型コロナウイルスの感染回避」による者を除く。）」ということになっています。

学校には、30日どころか1年以上登校しない子も少なからずいます。小学校では「今は6年生だが、1年生の時から顔を見ていない」など、基本的な学習内容を身につけていない児童もいます。このような子どもたちの中には将来社会で活動できる人もいますが、いくばくかは福祉支援の対象となるでしょう。将来を見据えると、再登校は本人のためだけではなく社会的な課題であると言えます。

本稿では、田中（スクールカウンセラー、以下SC）と小林（相談室担当教員）とが連携して行った、再登校に導く事例と手立てを紹介します。

本文中の個人名は、筆者（田中と小林）以外はすべて仮名であり、事例は本質を損なわないよう細部を改変してあります。

★長期の不登校生徒には支援が少ない

不登校も長期になると、再登校を促すような働きかけは少なくなります。当初は家族も、「このまま学校に行かなくなると困る」という危機感から、強く登校を促します。しかし、最初は本人の学校への拒否感が強く、登校を促すほど子どもが緊張して、家での関係がうまくいかず、しばらく経つと、「こんなに嫌がっているのに学校に無理やり行かせなくても」と半分あきらめの気持ちで不登校状態を受け入れるようになってきます。

一方、学校側の働きかけの質も、時間とともに変化します。担任は、初めはなんとか生徒に会い説得を試みますが、うまくいきません。「先生、なんとかしてください」と言っていた家族も不登校状態を認めるようになり、家族が担任による登校刺激を断ったりして、次第に子どもと会えなくなります。そして学年が替わると、生徒を知らない担任になります。

不登校が起こった時の担任ではないので、当事者意識（自分の対応がまずかったから不登校になったのではないかという責任意識）も薄くなりがちです。それで、学校のきまりなどで「週1回家庭訪問をする」などの行動はしているものの、学校からの配布物を渡したり親に現状を聞くなどの内容となり、不登校状態が長く継続することにもつながるようです。

★長期不登校生徒が再登校した事例

筆者たちが勤務した中学校で再登校への支援を行い、その結果、1年間で7人の長期不登校生徒が再登校を果たしました。また、別の相談室専属スタッフ（正式職名はいきいきサポーター。校長の英断で配置している。朝から下校時間まで勤務して、相談室登校している生徒の担任のような存在となっている）とともに相談室経営を工夫した結果、それまで3、4人の相談室登校だったのが、来たり来なかったりの五月雨《さみだれ》登校をしていた生徒も定期的に登校するようになり、常時10人、多い時は18人の相談室登校を実現しました。

【事例1】 菜月（中学2年・女子）

菜月は1年生の6月から学校に行っていません。理由は無気力からの怠学ではないかと推測されます。小学校の時から休みがちで、3人きょうだいの末っ子。上の2人も不登校で家にいます。親は子どもにやさしく、登校刺激はしていません。迎えに来た担任に「熱があるので行かせられない」などと嘘を言ってまで子どもを守る（？）タイプの親でした。菜月は登校はしませんが、帰宅した近所の友達と公園などで活発に遊んでいました。

筆者たちは菜月の家を何回も訪ねますが、親は菜月に会わせてくれません。放課後に一緒に遊んでいるという友達に話を聞いて情報を得ました。すると、その友達が「先生、こんど菜月を学校に連れてこようか」と言ってくれました。それで菜月の相談室登校が始まりました。

最初は週3日から始めましたが、登校に大きな抵抗はないようで、すぐに毎日の相談室登校になりました。菜月の「早く2年生のみんなと同じように勉強ができるようになりたい」という希望で、分数の割り算から始めました。ほとんど休まず登校し、半年間で中年1年生の計算問題ができるようになりました。

最初は「今日は調子が悪そうだから休みなさい」などと心配していた親も、毎日の登校を喜ぶようになって協力的になりました。再登校後、約1年間順調な登校が続いています。時々クラスの授業に参加しますが、みんなとの学力差を知り、主要科目での教室復帰はしていません。

【事例2】　俊也（中学3年・男子）

俊也は2年生の11月に骨折したことをきっかけに欠席が続き、約1年休んでいます。自宅や親の携帯に電話をしても連絡が取れません。担任が隔週で家庭訪問してもマンションの扉は開いたことがなく、表札もなく、本当に俊也が住んでいるのかさえわかりません。

ただ、電気のメーターが回っており、誰かが中にいることだけが確認されます。こんなわけで、担任は俊也の顔を見たことがありません。

田中と小林は、「取り付く島がない」状態の俊也の保護者と連絡を取る作戦を立てました。毎週2人で決まった時間に家庭訪問をしました。誰も出てこないので、必ず簡単な手紙を置いてきます。

> 俊也君
> 元気にしていますか。
> 私はカウンセラーの田中です。もう一人は○○中学の教師の小林です。俊也君に学校に来てほしいと思い、お宅を訪問しました。中学校には相談室があって、みんなで遊んだり勉強したり楽しく過ごしています。ぜひ、俊也君も来てください。次は来週の金曜日の2時頃来ますね。
> 10月3日　田中　小林

この手紙を置いて2ヵ月経過しましたが、何の進展もないので、保護者向けに手紙を次のような内容に変えて残すことにしました。
・1年以上連絡が取れず、俊也の安否が確認できず、学校は心配している。

・法律で、保護者には子どもを登校させる義務があること。
・このまま確認が取れなかったら、児童相談所や公的機関に連絡をして、安否確認をすることになるので、その前に保護者から連絡をほしいこと。

このような保護者宛の手紙の内容に変化させましたが、それでも連絡が取れませんので、手紙の内容を次のように変えました。

・〇月〇日の〇時に、学校から電話をするので、ぜひ出ていただきたい。
・次の順番で電話連絡をするので、ぜひ出てほしい。自宅電話→父の携帯→母の携帯→父の勤務先→母の勤務先。

あらかじめ手紙で予告した日時にこの順番で電話をしたところ、母の携帯電話の段階で連絡が取れました。久々に親が電話に出てくれたのは、「職場にまで学校から電話されたら困る」と思ったからと推測されました。母親から俊也が元気で家にいると話がありました。そして、「一度、俊也を登校させて元気な顔を見せてほしい」と伝えて、やっと登校が実現しました。

相談室登校は順調に続きましたが、一度途切れました。その時も筆者たちで家庭訪問をしたり電話したりして再々登校し、その後は登校が続き、俊也は高校に合格して卒業していきました。

ひきこもっていた時のことを俊也は「高校には進学したいと考えて家庭で一人で学習をしていたが、理解できないことが多かった。また、再登校したかったが、家族も何も言わないし、長い間登校していなかったので、再登校のきっかけがつかめなかった」と話してくれました。

【事例3】　沙織（中学3年・女子）

沙織は1年生の5月から2年以上学校に来ていません。担任が時々家庭訪問をしていましたが、再登校には結びついていません。そこで、筆者たちが2人で訪問しました。すると、沙織はパジャマ姿で出てきて、くったくなく話をしてくれました。しかし、「一度学校に行こう」という誘いには「学校なんて興味ないから行かん」と言います。

沙織は学校に拒否的ではないのですが興味がないようです。興味のあることは次の2つです。あるタレントの大ファンで、自宅でそのDVDを見たり、CDを聴いたりして過ごしています。2つ目は、オシャレです。髪の毛は金髪に染めて、化粧をしていました。

そこで、「一度くらい学校に行こうよ」「学校に行ってもすることない」「じゃあ好きなタレントのDVDを学校で一緒に見よう」「じゃあ、1回だけ行く」ということで、初めての登校が実現しました。

沙織の登校を管理職に相談すると、「金髪で化粧をしているとなると、生徒のいる時間には登校させられない」ということで、夜の登校となりました。

初めての日、沙織は完璧なメイクをして登校。校長、教頭と挨拶をして記念撮影。担任と誰もいないクラスに行き、記念撮影。そして、相談室でDVDを見て、筆者たちとタレントのことや家族のことなどをおしゃべりして帰りました。

それ以来、筆者たちとメールでおしゃべりをするようになったのです。その中で、2週間に1回、1、2時間の登校をすることになり、定期的な登校が始まりました。登校日にはSCの田中が車で送迎します。学校からは「化粧で金髪の姿なので、他の生徒の目につかないように裏口から入り相談室から出さないで」という条件がつきました。

沙織は登校を経験するようになり、家にいることが退屈に思えるようになったようです。「もっと登校したい」と希望してきましたが、送迎の都合などがつかず、およそ2週間に1回の登校が3年生の10月から卒業まで続きました。相談室でも慣れていき、次第に同年代の生徒と遊ぶようになっていきました。

相談室の先生と話をする中で就職希望が語られ、バイトの申し込み方を小林から教わりました。3年生の2月、自ら金髪を栗色の髪に染め直し、電話で面接を申し込み、飲食店でバイトの職を見つけました。世間知らずで、気がきかない沙織なので、続くか心配でした。最初は短時間のバイトでしたが、真面目な働き方が認められたのか、その後バイトの時間も延び、1年半を経過した今も安定した働き方ができています。

★家庭訪問をする時の手立て

家庭訪問は長期不登校の生徒の再登校には不可欠です。

(1) 家庭訪問は田中と小林の2人組で

2人組での訪問は、一人より有効です。一つは、かかわりに幅ができるからです。相談室担当教員の小林からは、学校環境のさまざまな情報を得ることができます。「仲良しだった○○ちゃんも会いたいと言っている」「先生はあなたのお姉ちゃんと仲良しだったよ」など、子どもの心に届く具体的な内容を知っているのです。SCの田中は、心理的な専門家として保護者や生徒の心理状態をつかんだ対応ができます。次のステップなどについても、的確なアドバイスができます。

また、家庭訪問をしても、喜んで迎えてもらえるわけではありません。顔も知らない訪問先で、反応がないことが何軒も続くのは、精神的につらいものです。2人で回ることで、くじけそうになる心を励まし合うことができ継続しやすくなります。

他のＳＣに家庭訪問の必要性を話すと、「時間的余裕がない」などと反論されます。しかし、時間はそれほど長くかかりません。訪問時間は、生徒に会えず手紙を書く時間だと3分もかからないので、週に2時間もあれば、少々話をしても5、6軒の訪問が可能となります。

(2)　生徒に会えない場合は手紙を置く

事例でも書きましたように、訪問しても会えない場合も少なくありません。その場合、手紙を置いてきます。すぐに反応がなくても、後で生徒に聞くと、何回も繰り返し読み、「待っていてくれてるんだとうれしく思った」と、再登校に影響しているようです。

事例では手紙は1件だけ紹介しましたが、実際には何通も書きました。長期の不登校生徒だけでなく、2、3日欠席が続いた生徒の家にはすぐに訪問して置いてきます。すると、「ああ！　休むと気にしてくれる先生がいるな」というメッセージも伝わるようです。

また、広汎性発達障害でつらくなり、時々休む生徒がいました。欠席が続く時は手紙を置きに行きます。玄関は開けてくれませんが、手紙はむしろ広汎性発達障害者にとって得意な視覚情報ですし、繰り返し見ることができます。生徒は訪問後、必ず登校してくれていたので効果的だったと言えます。

手紙はA４判の紙に大きな字で、短くわかりやすく書きます。最初から会えないとわかっている場合は学校で書いていきますが、いつでも玄関の前で書けるように、紙とペンを用意していきます。

訪問と手紙は思いつきで行うのではなく、定期的に継続することが大切です。手紙の内容は、特別にメッセージがない時は、次のような内容を書きます。

・あなたに会いたい。
・相談室ではみんなが楽しく勉強したり遊んだりしているよ。
・嫌なことは無理にさせないよ。
・先生たちみんなが待っているよ。
・次に家庭訪問する日時。

★相談室の運営

(1) 相談室を生徒の居場所に

再登校しても、学校側の態勢が整っていないと、登校は続きません。再登校を継続的にさせるには、相談室の運営がポイントです。常時相談室にいられる相談室専属スタッフの存在は不可欠です。担任のような役割をするこのスタッフの存在がもう一つの決め手と言えます。

相談室専属スタッフの仕事は、出席簿をつける、学習内容を用意する（たとえば小学校中学年の算数教材を選びそろえる等）、生徒の悩みを聴くなど、まめな対応が必要です。また、相談室専属スタッフは小林と相談して、個々の生徒に登校計画や学習計画などを立てさせます。目標をクリアした時はほめてシールを貼らせるなど、生徒たちがはりあいをもてるような工夫をします。もちろん毎日欠かさず「朝の会」や「帰りの会」も実施します。次第に相談室は「生徒たちの居場所」であり、相談室専属スタッフは「相談室の担任」という存在となっていきます。

相談室専属スタッフの人選は、行き届いた配慮ができる人かどうかを見極めることが大切です。

(2)　相談室は小さな教室です

相談室の生徒数が10人近くなると、相談室そのものが集団としての体をなすようになります。生徒がリラックスしてくると、リーダー的な存在、雰囲気を明るくする存在、自分勝手な主張をする存在などが出てきて、トラブルもたびたび発生します。もともと教室集団で上手にコミュニケーションが取れずに不登校になった生徒も多いので、当然と言えます。このトラブルこそ、人間関係のスキルを学ぶよい機会です。

自分が中心でないと、怒ったり帰宅してしまう美咲がいました。周囲をかきまわして、生徒や教員の悩みの種でした。しかし、半年間相談室にいる間に、徐々に適切な行動の仕方を身につけていきました。通常の学級にいた時は、問題行動を起こすと級友から外されるだけでした。しかし、スタッフの手厚い支援が可能な相談室の小集団の中では、無視されることなく話し合ったりすることができ、人間関係のつくり方を学ぶことができます。

(3) 相談室のレイアウト

各学校の事情に合ったレイアウトが必要です。通常の教室一つで、いくつもの機能をもった相談室を紹介します。

1つの空き教室を4つのスペースに区切ることで、すべてのレベルの生徒が安心して居室でき、適度に交流もできる構造になっています。初めは一人ぼっちで隔離スペースにいた生徒も、曇りガラス越しに人影や笑い声が伝わるので、交流も次第に進んでいくようです。

教室の入口を1ヵ所だけにすることで、一般の生徒が突然相談室に侵入することを防ぎやすくします。4つのスペースを図に沿って説明すると

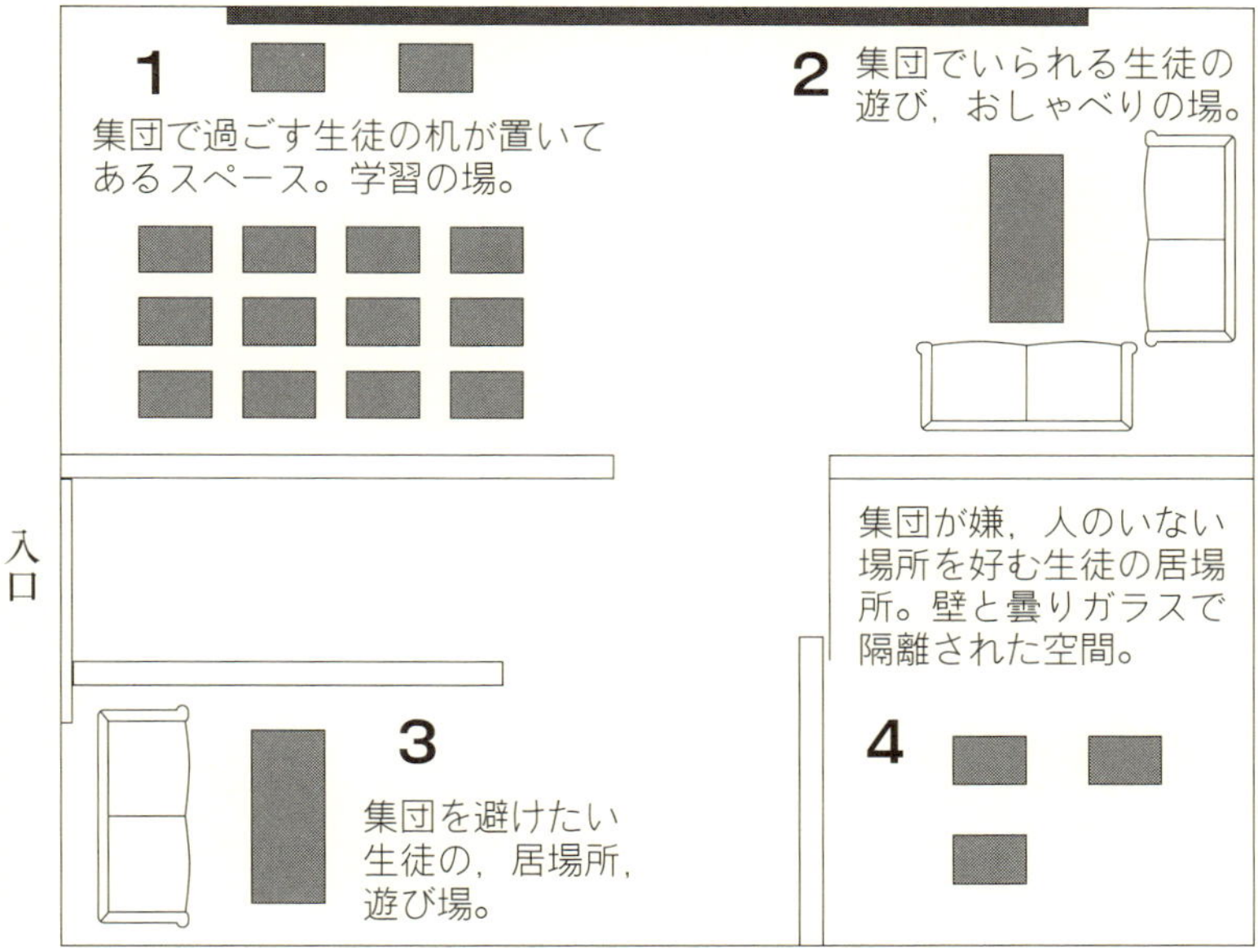

1　集団で過ごすことができる生徒の学習の場
2　集団で過ごすことができる生徒の遊びの場、おしゃべりの場
3　登校はするが、学習はしたくない生徒の居場所、他のみんなの遊び場
4　他の生徒を避けたい生徒の居場所。全体が壁と曇りガラスで囲われている。

★相談室登校から教室復帰は慎重に

不登校の生徒を通常のクラスに戻すことには慎重さが必要です。相談室の生徒は、人間関係をつくる力が弱く、学力が低いことが多いようです。何年間も登校していない生徒にとっては、数ヵ月で教室復帰は負担が大きいと考えられます。だからと言って、教室に戻すなということではありません。生徒と相談して「少しがんばって教室に戻ってみて、でも無理なら相談室に戻ってもいいよ」ということを保障して挑戦させるとよいでしょう。

今まで述べてきたように、相談室と言えども、それなりに学習や社会性を学ぶことができるのですから、ずっと相談室にいることになっても、「それはそれでよい」と考えると気持ちが楽になります。

★学校全体で取り組む必要がある

校長をはじめとして、学校全体で「不登校生徒をなくす」に取り組む姿勢が不可欠です。この実践の中学校では、校長先生が「すべての不登校生徒に会います」と宣言しました。筆者たちがそれを実現するために動いたことが、不登校の減少に結びついたと言えます。管理職のこのような姿勢が、教員の理解につながるのです。

また、校長は相談室の学習の時間割に教科の教員の派遣を決めてくれました。一日に2、3人の教員が授業を担当してくれるのです。授業内容は通常のクラスと同じではありませんが、相談室の生徒たちにとっては「ちゃんとした教科の先生の授業を受けている」ということが自信につながっていたようです。

また一般の教員は、今まで「相談室は遊んでいるだけ」ととらえていたのが、相談室の授業を担当するようになって、相談室の生徒への理解が進んだようです。

★なぜ再登校につながるか――生徒の心理的変化

一般に長期間登校していなかった生徒を再登校させることは、難しいと考えがちです。なぜこのように再登校が可能になったかを考えてみます。

生徒の心理的変化を見てみます。不登校を始めた頃、生徒は登校や学校に拒否的な気持ちが強くあります。しかし、周囲が登校を強制しないようになって半年とか1年とか経過すると、学校への拒否的な気持ちが減少します。その結果、当初の強い不安がなくなり、落ち着いてきます。

つまり、不登校当初の「一時的緊急避難が必要な状態」が、長期間学校に行かないことで気持ちが安定して「健康な精神状態」に戻ってきます。そうすると、健康な精神状態の時の「友達に会いたい」「勉強したい」「進学したい」などの気持ちが戻ってきます。

このような精神状態の変化に気づかないで「登校刺激はしないほうがよい」を金科玉条のごとく続けると、不登校は長く続くことになります。

打撲や捻挫を例にとって説明してみます。ケガをした時、関節内部が傷つき出血や炎症を起こします。この時には「冷やす」のが原則で、入浴などで「温める」と、炎症がひどくなり逆効果です。しかし、期間を置き炎症が落ち着いたら、処置の原則は「冷やす」から「温める」に変わります。

不登校もこれと同じで、「登校刺激はダメ」と言われたら、いつまでも同じような対応でよいのではありません。子どもの状態によって対応を変えていかなくてはならないのです。まずは生徒と仲良しになり、関係をつくっていく中で、生徒の心理を見極めることが大事です。

*

SCの中には、病院のカウンセラーのように「来る者は拒まず、去る者は追わず」というスタンスで相談室で待機している人もいます。しかし、それだけでは長期の不登校生徒に変化は起こりません。まずは、SCと相談室担当教員とがよく話し合い、アウトリーチで生徒に会うことから始める勇気をもちたいものです。

引用文献等

(1) 厚生労働省資料から引用。
https://www.mhlw.go.jp/content/11601000/000779362.pdf
(2) ＫＨＪ全国ひきこもり家族会連合会ホームページから引用。
https://www.khj-h.com/questions/
(3) 「ひきこもりの評価・支援に関するガイドライン」厚労省研究班、平成22年。
(4) 「こども・若者の意識と生活に関する調査（令和４年度）」内閣府、２０２３年３月31日発表。（10～69歳の調査対象者３万人のうち、１万３７６９人から回答を得ています）
(5) 生産年齢人口：生産活動を中心となって支える15～64歳の人口のこと。
(6) 「統計でみる市区町村のすがた２０２３」総務省統計局、２０２３年６月発行より計算（小数点以下切り捨て）。
(7) 「オンラインを活用したひきこもり支援の在り方に関する調査報告書」特定非営利活動法人ＫＨＪ全国ひきこもり家族会連合会、令和５年３月。対象本人調査３４４名。

(8) 池上正樹『ルポ「9050問題」』河出新書、2019年11月30日。
(9)「若者の生活に関する調査報告書」内閣府政策統括官（共生社会政策担当）、平成28年9月。
(10) 斎藤環『改訂版　社会的ひきこもり』PHP新書、2020年2月28日発行。
(11) 解離性同一性障害：複数の人格が同一人物の中にコントロールされた状態で交代して現れるもの（MSDマニュアル家庭版より）。
(12) 田中和代「先生自身のためのちょこっとセルフケア第7回　ちょこっと瞑想」『月刊学校教育相談』2017年10月号、ほんの森出版、5頁から引用。
(13) 多湖輝『100歳になっても脳を元気に動かす習慣術』日本文芸社、2013年8月20日。
(14) 中川志郎『動物たちの昭和史1巻』太陽選書、1989年4月1日。
(15) 田中和代『発達が気になる子の自立・就労トレーニング』合同出版、2013年9月20日発行。
(16) 発達障害の資料は「政府広報オンライン」より引用し参考にしました。
https://www.gov-online.go.jp/featured/201104/
(17) 厚生労働省「こころの耳」
https://kokoro.mhlw.go.jp/attentive/atv002/
(18) 暴露法：不安や恐怖を呼び起こす体験にあえてさらして、慣れていくことにより過剰な反応を生じることがなくなる。これを段階的に進めることにより日常生活での予期不安や過剰な回避による行動の制約が減少していくという治療法。

(19)「こころの情報サイト」（国立研究開発法人国立精神・神経医療研究センター精神保健研究所が作成）を参考にしました。
https://kokoro.ncnp.go.jp/disease.php?@uid=iGkwv4PNzgWhQ9xI

(20) 厚生労働省ホームページ。
https://www.mhlw.go.jp/stf/seisakunitsuite/bunya/hukushi_kaigo/seikatsuhogo/hikikomori/index.html

(21) 措置入院：精神保健及び精神障害者福祉に関する法律第29条に規定されている入院形態。2名以上の精神保健指定医の診察により、入院させなければ自傷他害のおそれがあると判断された精神障害者を、本人や家族の同意が得られなくても、都道府県知事の権限により入院させること。費用は無料。また、そのための移送を同法34条が規定している（厚生労働省「医療保護入院制度について」を参考）。
https://www.mhlw.go.jp/file/05-Shingikai-12201000-Shakaiengokyokushougaihokenfukushibu-Kikakuka/0000115952.pdf

(22) 厚生労働省ホームページ「自立支援医療制度の概要」を参考。

https://www.mhlw.go.jp/stf/seisakunitsuite/bunya/hukushi_kaigo/shougaishahukushi/jiritsu/gaiyo.html

(23) ＮＰＯ法人障害年金支援ネットワークホームページから引用。
https://www.syougainenkin-shien.com/amount_of_money2022

(24) 障害者職業センター：正式名称は地域障害者職業センター。各県に配置され、障害者の職業支援を行っている。障害者への支援としては、就職の情報提供、精神障害者への専門的支援、ジョブコーチを派遣して支援等を行っている。就職の希望等を把握した上で職業適性を評価し、基本的な労働習慣を身に付ける等訓練を行っている（独立行政法人高齢・障害・求職者雇用支援機構ホームページを参考）。

(25) ジョブコーチ（職場適応援助者）：国の助成金の制度で、障害者の就労をサポートする仕事（人）のことで、本人だけでなく、職場や家族のサポートも無料で行います。「ジョブコーチは、障害者の職場適応に向けた支援として、以下の2点を行っています。
・障害者に対して、職場の従業員との関わり方や、効率の良い作業の進め方などのアドバイス
・事業主に対して、本人が力を発揮しやすい作業の提案や、障害特性を踏まえた仕事の教え方などのアドバイス（厚生労働省「障害者雇用のご案内～共に働くを当たり前に～」パ

ンフレット、令和4年4月1日、15頁より引用）
(26) EMDR（Eye Movement Desensitization and Reprocessing：眼球運動による脱感作と再処理法）：PTSD（心的外傷後ストレス障害）に対して、エビデンスのある心理療法です。さらに、他の精神科疾患、精神衛生の問題、身体的症状の治療にも、学術雑誌などに成功例がしっかり記述されています（日本EMDR学会ホームページ https://www.emdr.jp/ より引用）。現在はさまざまなクリニックでEMDRを実施しています。（詳細は学会ホームページ等を見てください）
(27) 浜田廣介「泣いた赤おに」光村図書『道徳』教科書、令和3年2月5日。
(28) 東山紘久『母親と教師がなおす登校拒否』創元社、2003年3月20日。
(29) 田中和代・小林直美「長期の不登校生徒を再登校へ―スクールカウンセラーと教育相談担当教員との連携で―」『月刊学校教育相談』2010年8月号、ほんの森出版、23～29頁から転載。

その他参考文献等

・池上正樹『ルポ「9050問題」』河出新書、2019年11月30日。
・斎藤環『社会的ひきこもり』PHP新書、1998年12月4日発行。

・吉本隆明『ひきこもれ』ＳＢ新書、２０２０年9月15日。
・国立研究開発法人国立精神・神経医療研究センター「こころの情報サイト」。
https://kokoro.ncnp.go.jp/
・精神障害者の資料は、厚生労働省「精神・発達障害者しごとサポーター養成講座」ホームページを引用し参考にしました。
https://www.mhlw.go.jp/seisakunitsuite/bunya/koyou_roudou/koyou/shougaishakoyou/shisaku/jigyounushi/e-learning/seishin/characteristic.html
・精神障害者福祉障害の手帳については、国立研究開発法人国立精神・神経医療研究センター「こころの情報サイト」を引用し参考にしました。
https://kokoro.ncnp.go.jp/support_certificate.php
・厚生労働省「『ひきこもり』対応ガイドライン（最終版）の作成・通知について」。
https://www.mhlw.go.jp/topics/2003/07/tp0728-1.html
・（株）トキワ精神保健事務所ホームページ。
https://www.tokiwahoken.com/seishin-soudan/
・「ベスリクリニック」ホームページ。
https://besli.jp/about/besli.html

・不登校の定義は、文部科学省初等中等教育局児童生徒課「令和4年度　児童生徒の問題行動・不登校等生徒指導上の諸課題に関する調査結果について」を引用・参考にしました。
https://www.mext.go.jp/a_menu/shotou/seitoshidou/1302902.htm

●著者紹介

田中和代

臨床心理士，社会福祉士，EMDR 治療者。

静岡市出身。福井大学大学院修了。

小学校から大学までの教員，保育カウンセラー，スクールカウンセラー。

東北公益文科大学（助教）では学生共育センター副室長で発達障害学生の支援を行った。

現在，福井県坂井市のひきこもり支援員，一般社団法人福井コミュニティ協会理事長。

主な著書

『高機能自閉症・アスペルガー障害・ADHD・LD の子の SST の進め方』黎明書房
『新装版　ワークシート付きアサーショントレーニング』黎明書房
『子どもの心のケアの進め方』黎明書房
『発達が気になる子のための自立・就労トレーニング』合同出版

●第９章実践協力者　小林直美

＊イラスト：さややん。

ひきこもり者支援《しゃしえん》の考《かんが》え方《かた》・進《すす》め方《かた》

2025 年 3 月 1 日　初版発行

著　者　田《た》　中《なか》　和《かず》　代《よ》
発行者　武　馬　久仁裕
印　刷　株式会社　太洋社
製　本　株式会社　太洋社

発　行　所　株式会社　黎《れい》　明《めい》　書《しょ》　房《ぼう》

〒460-0002　名古屋市中区丸の内 3-6-27　EBS ビル　☎ 052-962-3045
FAX 052-951-9065　振替・00880-1-59001
〒101-0047　東京連絡所・千代田区内神田 1-12-12　美土代ビル 6 階
☎ 03-3268-3470

落丁本・乱丁本はお取替します。　ISBN978-4-654-02408-7